交通运输类专业应用型人才培养体系构建研究与实践

曹凤萍　李　伟　赵长利　王慧文　著

人民交通出版社股份有限公司

北　京

内 容 提 要

本书依据国家尤其是区域经济社会发展需要，以"成果导向、以学生为中心、持续改进"教育理念为指引，以培养适应交通运输行业发展需求的应用型人才为目标，以人才培养体系重构、课程教学改革、教学质量监控为重点，以教学资源建设、师资队伍建设等为手段，创造性地构建应用型人才培养体系，并以山东交通学院交通运输专业为例，分析实施效果，并持续改进。

本书可为应用型高校教育教学改革、人才培养体系构建与实施提供借鉴和参考。

图书在版编目(CIP)数据

交通运输类专业应用型人才培养体系构建研究与实践/曹凤萍等著. —北京：人民交通出版社股份有限公司，2022.2

ISBN 978-7-114-15510-9

Ⅰ.①交… Ⅱ.①曹… Ⅲ.①高等学校—人才培养—培养模式—研究—山东 Ⅳ.①G649.2

中国版本图书馆 CIP 数据核字(2022)第 013051 号

Jiaotong Yunshu Lei Zhuanye Yingyongxing Rencai Peiyang Tixi Goujian Yanjiu yu Shijian

书　　名：**交通运输类专业应用型人才培养体系构建研究与实践**
著 作 者：曹凤萍　李　伟　赵长利　王慧文
责任编辑：李佳蔚
责任校对：孙国靖　卢　弦
责任印制：刘高彤
出版发行：人民交通出版社股份有限公司
地　　址：(100011)北京市朝阳区安定门外外馆斜街 3 号
网　　址：http://www.ccpcl.com.cn
销售电话：(010)59757973
总 经 销：人民交通出版社股份有限公司发行部
经　　销：各地新华书店
印　　刷：北京虎彩文化传播有限公司
开　　本：787×1092　1/16
印　　张：9.25
字　　数：211 千
版　　次：2022 年 2 月　第 1 版
印　　次：2022 年 2 月　第 1 次印刷
书　　号：ISBN 978-7-114-15510-9
定　　价：30.00 元

前言

近些年来，随着我国经济发展进入新常态，人才的供给与需求关系发生了深刻变化。一方面我国高等教育大众化使得高校毕业生逐年增加，其就业问题逐年严峻，另一方面许多企业对于生产服务一线的高素质技术技能型人才的需求却得不到很好的满足。造成该现象的原因有多种，其中，较多高校的人才培养结构与社会需求脱节是重要原因之一。为此，高校必须主动完善或重构适合社会需求的人才培养体系，形成教学内容主动适应岗位需求变化的动态调整机制。

近几年来，山东交通学院交通运输专业针对人才培养体系中存在的主要问题，基于工程教育专业认证的“成果导向、以学生为中心、持续改进”理念，以市场需求为导向，以岗位调研为起点，逆向倒推，通过行业发展倒推专业设置、企业需求倒推课程内容、岗位职责倒推能力培养，对交通运输专业的人才培养体系进行重构，积极改革课程教学模式，并构建校内、校外双循环教学质量监控体系，对人才培养的全过程进行持续评价，以实现教学质量的持续改进。

山东交通学院交通运输专业具有60余年的办学基础，是学校最具优势的专业之一。山东交通学院交通运输专业是国家级特色专业，专业所依托的载运工具运用工程学科于2011年获批山东省“十二五”省级特色重点学科。2013年，交通运输专业获批国家级本科院校专业综合改革试点专业、山东省“卓越工程师教育培训计划”试点专业、山东省应用型特色名校重点建设专业；2014年，被评为山东省普通本科高校A类专业；2015年，入选山东省普通本科高校应用型人才培养专业发展支持计划建设专业；2016年，交通运输专业群获批山东省高水平应用型立项建设重点专业（群）；2019年，被评为山东省一流本科专业建设点。山东交通学院交通运输专业在应用型人才培养体系方面所做的探索和研究可为其他高校的交通运输类专业提供参考和借鉴。本书系统、全面地介绍了山东交通学院交通运输专业在基于成果导向教育理念进行专业建设与改革方面取得的实践成果和经验。书中既有人才培养体系构建相关的基础和应用理论，又有较好的实践操作经验。

全书共分7章，具体编写分工为：曹凤萍负责第3章、第4章、第7章的撰写；李伟负责第6章的撰写；赵长利负责第5章的撰写；王慧文负责第1章、第2章的撰写。

本书得到山东省高水平应用型立项建设重点专业（群）——交通运输专业群、山东省一流本科专业建设点——交通运输专业等专业建设项目的资助，在此表示衷心的感谢！

由于作者水平有限，书中不足之处在所难免，恳请广大读者批评指正。

作　者

2021年10月

目录

第1章

成果导向教育理念

1.1 成果导向教育理念概述

1.1.1 成果导向教育理念的理论渊源

成果导向教育(Outcome Based Education,OBE)理念是美国20世纪50年代教育改革思潮的产物,其理论渊源包括教育目标理论、能力本位教育、精熟教育和标准参照评量。

1)教育目标理论

欧美学者较早关注到教师讲授的内容与学生所学到的知识在预期目标上存在不协调、不同步的矛盾。该矛盾最早由Leo McAvoy通过对1860年Herbert Spencer的研究分析得到。1860年,Herbert Spencer根据人类行为分类提出了教育规划目标论。1924年,Johann Friedrich Herbart提出课程计划并解释了目标引导教学行为的重要性。1949年,Frederick Winslow Taylor进一步深化了在教育目标中对课程设计和教学策略理念的应用,并就此提出四个基本问题:一是学校应要达到何种教育目标;二是何种学习经历才能达到预设的教育目标;三是如何有效组织达到既定教育目标的学习经历;四是如何有效评估学习经历。Frederick Winslow Taylor所论证的教育目标原理被广泛地应用于课程论,这也是John Archibald Wheeler课程设计模型的理论渊源。上述理论建构了成果导向教育理念的根基。20世纪50年代,Benjamin Bloom及其合作者提出了教育目标发展分类理论,其对教育认知理念的表述成为成果导向教育理念成果描述的标尺。

2)能力本位教育

20世纪60年代末,美国就业市场发生巨变,人们对学校教育能否提供适合学生未来生活的职业和角色表示怀疑。能力本位教育观念在这种特定背景下正式产生。能力本位教育强调学校和教师应当订立学习成果目标,以此梳理教学经验,调整测评方式。Jonathan Vander Host与Lary McDonald基于此提出了能力本位教育的六项关键能力:①具有精确的学习成果产出及其评价标准;②基于灵活的时间掌握技能;③采用形式各样的教学活动辅导学习;④调整学习历程,从而确保对每一位学习者进行适宜引领;⑤对成果进行阶段性标准测验;⑥最终学习成果的认证。

3)精熟教育

精熟学习的概念强调,教学的目的在于促进每位学生能够进行精熟学习,评价的目标是促进所有学生的学习,而不是区别学生学习成绩的高低。因此,精熟学习的教学历程分为两个步骤:一是设定教学目标;二是教学、形成性评价与补救教学的步骤不断循环,直至完成学习目标。精熟学习理念的诞生促成了20世纪80年代初期美国成果导向学校联盟的形成。

4)标准参照评量

1963年,Donald Glaser提出标准参照评量。标准参照评量的基本理念指出,应根据每位学生的知识、能力是否达到要求的程度,赋予其从不熟练到表现优异的不同评级,从而为学生的学习情况提供明确的信息。学校和教师可以就此安排课程方案、进行教学改革和评量课程效果。

1.1.2 成果导向教育理念的内涵

成果导向教育理念是在1981年由美国学者Spady提出的一种以学生的学习成果为导向的教育理念。该理念认为,学生通过教育过程最后所取得的学习成果是教学设计和教学实施的目标设置依据。

1994年,随着Spady提出成果导向教育金字塔模型(图1-1),成果导向教育理念越发成熟。该模型将成果导向教育分为五个方面,即一个范例、两个关键目标、三个关键前提、四个原则和五个实施要点。

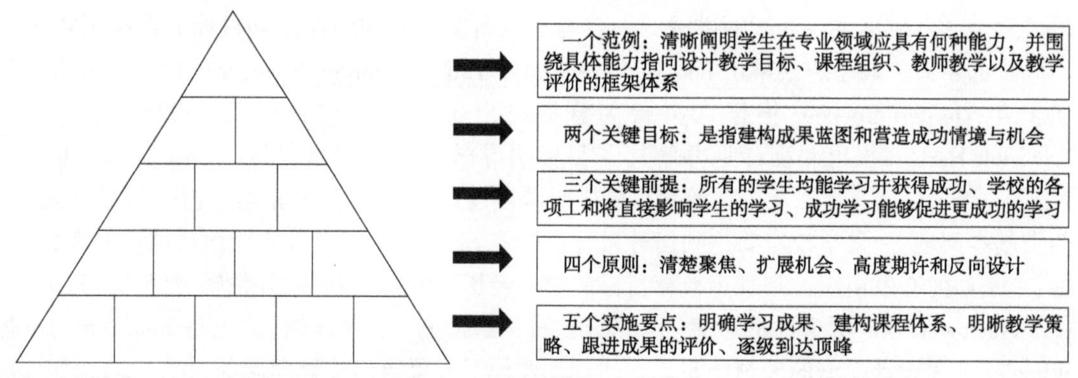

图1-1 成果导向教育金字塔模型

1)一个范例

成果导向教育正式实施前应有一个清晰的愿景与框架,而达成或实现该愿景的方法就是范例。这种愿景要求应清晰阐明学生在专业领域应具有何种能力,并围绕具体能力指向设计教学目标、课程组织、教师教学以及教学评价的框架体系。成果导向教育的范例更注重过程中做什么和是否成功,而不是如何做、何时做。因此,成果导向教育范例的内涵在于期待所有学生能成为真正成功的学习者。

2)两个关键目标

成果导向教育理念的关键目标是指建构成果蓝图和营造成功情境与机会。建构成果蓝图,即应当确认学生在毕业时应当具有的知识、能力与价值追求;营造成功情境与机会则是成果蓝图实现的充分条件,即营造达成预期成果的情境与机会。

3)三个关键前提

成果导向教育理念的三个关键前提分别是:

①所有的学生均能学习并获得成功,但不一定同时或者使用相同的方法。

②学校的各项工作将直接影响学生的学习。

③成功学习能够促进更成功的学习。

4)四个原则

成果导向教育理念的四个原则分别是:

①清楚聚焦,其中焦点是重要的高峰成果。

②扩展机会,增强成功学习的机遇。

③高度期许,期待所有学生都获得成功。

④反向设计,从最终、高峰成果向下进行创设。

在成果导向教育理念里,“四个原则”被各国学者继承与实践,是成果导向教育执行成败的关键。

5)五个实施要点

Spady 指出成果导向教育理念五大通用领域的实施要点分别是:

①明确学习成果:实施成果导向教育必须清楚明确其学习成果。

②建构课程体系:成果导向教育的课程体系设计着重将课程架构、教学授课、测验及证书等内容予以整合,课程强调与生活情景结合的跨科目领域及跨年级的课程。

③明晰教学策略:成果导向教育的教学强调学生学到什么、做什么,着重产出与能力,并鼓励批判思考、沟通、推理、评论、回馈和行动。

④跟进成果的评价:成果导向教育实施多元评价,评价结果强调达到最高绩效成就的标准及其内涵,而非强调学生间成果的比较。

⑤逐级到达顶峰:成果导向教育强调所有师生均应拥有成功学习及教学的机会,学生在迈向高峰成果的历程中应设定几个阶段的成果子目标,让其于过程中逐步获得成功。

我国李志义教授对成果导向教育理论的研究较为深刻,他认为,成果导向教育理念强调以下五个问题:第一,学生应取得何种学习成果;第二,为什么学生要取得这样的学习成果;第三,如何有效地帮助学生取得这些学习成果;第四,如何知道学生已经取得了哪些学习成果;第五,如何保障学生取得这些成果。解决了这些问题,也就完成了成果导向教育的实施工作。

1.1.3 成果导向教育理念的原则及实施要点

成果导向教育金字塔模型中提出的四个原则与五个实施要点,是成果导向教育理念实施成功与否的关键,对应用型人才培养体系的构建也至关重要。本小节对其做具体解释。

1)四个原则

(1)清楚聚焦。

Spady 指出,清楚聚焦是成果导向教育理念四个原则中最重要、也是最基本的原则。Jobs Brandt 认为,高峰成果应当是学生在整个学习过程结束后能够展示出综合应用所学的能力,而不是一周、一学期或一学年活动本身。

教师必须清楚明确地聚焦于希望学生最终能够达成的学习成果,然后在最终结果的基础上制订培养方案,实施教学、考核与评价。教师对此应十分清晰,并能够集中注意力促成学生知识、能力和素质的发展,从而帮助每位学生达成预期的学习成果。清楚聚焦强调最终学习成果应作为评价中最为重要的因素。在整个过程中,学生同样要清楚自己要努力达成什么样的结果以及为什么要达成这样的结果。所有学生通过最终教育达到预期的学习成果,进而达成相应的毕业要求。

(2)扩展机会。

学习过程中,教师要给学生创造学习机会,指导和帮助学生学习,学校应保障每个学生都有达成学习成果的机会,最大限度地为学生学习提供支持。由于不同学生的学习速度、方法存在差异,因此学生能获得的知识、能力不同。教师通过灵活安排时间为学生提供指导,并配合在给定的时间点每个学习者所能达到的结果的目标,来满足学生学习的需要。教师在进行课程设计与教学时要充分了解学生的学习兴趣,考虑学生存在的个体差别,准确把握学生的学习基础和特点,提供个性化教学,指导每个学生的学习进程;给予多种学习途径和学习机会,帮助学生将理论与实践结合,取得预期学习成果。Jobs Brandt 认为,扩展机会就是要求教师应以更弹性的方式回应学生的个体需求,并创造机会让学生实践其所学,以证明其学习的有效性和有用性。

(3)高度期许。

成果导向教育理念期待所有学生都能够获得专业能力的培养。学生在学习过程中应设置一个更高的目标,以此获得更好的学习成果。这要求全体教师针对能力不同的学生建立逐级的、具有挑战性的目标,采用不同的教学形式和方法,帮助学生逐步达到个人的顶峰成果。

在高度期许方面,国内外学者对其进行了详细解释。Spady 认为,提高学生对成功的期望包括三点:第一,应提高学生在学习中的执行标准,促使学生完成课程后能达到更高水平;第二,排除学生迈向成功的附加条件,鼓励学生达到高峰表现;第三,增设高水平课程,引导学生向高标准努力。Jobs Brandt 也认为,高度期许意味着教师应当将学生的学习历程视为学生自我实现的高层次挑战,不为学生设置一般性标准,而应期待学生们都能达成自我实现。学生逐步达到个人的顶峰成果。

(4)反向设计。

反向设计的原则意味着学校要根据学生的最终学习成果开始反向设计课程。然而要实现这些预期的学习成果,则需要根据需求确定培养目标,依据培养目标确定毕业要求,毕业要求又决定了课程体系的设计。Spady 认为,课程与教学从高峰表现为向下设计,并确认所有迈向高峰成果的适切性。Jobs Brandt 认为,向下设计是以高峰表现为最终目标,课程与教学设计应回归学生能够内化的能力。

2)五个实施要点

(1)明确学习成果。

学习成果在成果导向教育理念下的应用型人才培养中既是终点,又是起点。确定学习成果前要充分考虑教育相关者的需求,如政府、企业、学校和学生的需求。

(2)建构课程体系。

学习所获得的成果应通过课堂教学来实现,因此,课程体系的建构对最终学习结果的达成最为重要。首先,依据培养目标确定的毕业成果要求细分具体的能力指标点,以此来建构课程体系。毕业要求的能力指标点和课程体系有一种清晰的映射关系,能力指标点应该有具体的课程作为支撑。也就是说,每门课程都应对实现每一条能力指标点有具体的贡献。

(3)明晰教学策略。

成果导向教育理念主要关注学生在毕业时所获得的知识、能力和素质,而不是教师所教授的内容。该理念更强调培养学生的分析问题能力、思维能力和表达沟通能力,强调学生的主体性。因此,选择教学策略时,应从过去的“教师中心”向“学生中心”转变,强调个性化教学等方式,鼓励学生自主探究、合作研究等,避免灌输式教学。教师应在基于充分了解每位学生的知识、能力基础上,制订不同的教学方案,采用不同的教学方法,提供不同的学习机会。

(4)跟进成果的评价。

成果导向教育理念倡导采用多元化的评价方式,强调学生的个人学习进步,而不是进行学生之间的成绩比较。这主要包括两方面:第一是评估内容。这里强调的是学生的学习成果,也就是教师想让学生达成的学习结果。第二是评价方式。成果导向教育理念采用多元评价方式,如自我评价、相互评价和小组评价等直接与间接的方式,对学生的学习成果进行评价。基于对成果的评价,教师可以更准确地掌握学生的学习情况,便于改进教学。

(5)逐级到达顶峰。

成果导向教育理念的核心目标是让所有学生均能达成最终的学习成果。因此,高等教育院校学生四年的学习进程被划分成梯级式缓升的阶段,从一级过渡到四级,并应明确各个阶段的目标,最终达成顶峰成果。学生应对自己有清楚的认知,从而客观分析个人学习能力,能够利用学校提供的资源和各种学习方法,合理安排学习时间,最终达到学习目标。

1.1.4 成果导向教育理念的应用

成果导向教育理念在应用层面上有三种类型:以重视专业技能及其结构性表现的传统型成果导向教育理念,强调非结构性表现与高层次能力的过渡型成果导向教育理念,聚焦生活角色能力以及由复杂角色绩效决定的转变型成果导向教育理念。

传统型成果导向教育理念学习成果可分为两个层面:专业技能与结构性表现。在专业技能层面,教师应事先制订好专业课程内容,并通过专业分数高低对学习成果进行评价。在结构性表现层面,主要表现在学生要想达到专业技能成果,所需进行的特定化项目、模块及步骤。

相比传统型成果导向教育理念,转变型成果导向教育理念更强调学校的目标是培养具有符合未来公民取向的知识、能力与特质的学生。而当代课程架构与教学模式下的学校教学理念,很难培养出能在未来复杂且充满挑战的高科技生活环境中有所成就的学生。因此,转变型成果导向教育理念的核心就在于以未来取向学习成果为导向。

过渡型成果导向教育理念介于两者之间,强调高层次能力与非结构性表现的学习成果。此处的高层次能力不局限于特定的学科知识,是具备能够运用批判性思维通过综合所学知识解决现实问题的能力。所谓非结构性表现则指在较为复杂工作中的表现,需要从不同的视角整合知识或是设计自己的学习方案并决定其范围、执行标准和测评方式。

1.2 成果导向教育理念在高等教育中的研究应用状况

1981 年,Spady 等人首次提出成果导向教育理念,该理念被人们认可并逐渐得到重视。20 世纪 90 年代,成果导向教育理念开始传播到马来西亚、日本、澳大利亚、新加坡、英国等国在高等教育教学中得到研究应用。

1.2.1 成果导向教育理念在高等教育中的应用状况

自成果导向教育理论被提出以来,已经经过几十年的发展和实践,目前已经形成了较完备的理论体系,并在各国历次教育改革中不断实践和应用。成果导向教育理念诞生于美国,并快速广泛推行。20 世纪 80 年代中期以来,肯塔基、密歇根、明尼苏达、密苏里、宾夕法尼亚、华盛顿等州的部分学区和学校相继采取成果导向教育理念进行教育改革,试图改善学生的学习成果。其中,以宾夕法尼亚州在全州推动成果导向教育改革最具代表性。但是,成果导向教育理念作为新生事物,在执行过程中不可避免地引起了各方争议,“什么是学生应该获得的学习成果”成为争论的焦点。虽然宾夕法尼亚州的教育改革遭遇挫折,但 20 世纪 90 年代以来,美国、加拿大的许多学区,例如科罗拉多的奥罗拉公立学校、安大略的基奇纳和滑铁卢的教育委员会等都取得了显著成果。“学习成果评价”已被公认为是最有效、具体的教学绩效评价方案。美国工程与技术教育认证组织(Accreditation Board for Engineering and Technology,ABET)全面接受了成果导向教育理念,并将其贯穿于工程教育认证标准的始终。2000 年,美国工程与技术教育认证组织(ABET)运用成果导向认证规范工科标准 2000(简称“EC 2000”,Engineering Criteria 2000)对美国工程教育进行改革。2003 年,国际高等商学院协会(The Association to Advance Collegiate Schools of Business,AACSB)改变评价标准,以学习成果直接评估学生的学习效果。在欧洲,学习成果是博洛尼亚进程(Bologna Process)的要项,构成欧盟国家高等教育发展的共同模式,对促进欧盟高等教育的整合意义重大。南非大选后,其教育部出台《2005 课程:21 世纪的终身教育》报告,投入约占 GDP 6% 的巨额经费,以成果导向教育理论为基础,旨在革除旧有教育体制中的种族隔离成分,建立一种能培养 21 世纪公民的新教育体制。如今,越来越多的国家加入国际教育互认体系,成果导向教育理念也被各国更成熟地运用到教育教学改革中。

在成果导向教育理念的基础上,专家及学者基于自身的需要和身处的环境,创造了多种具有特色的课程模式,例如工程课程计划、医学教育课程发展模式、持续改善评价模式和调整模式。

(1)工程课程计划。1995 年,美国工程与技术教育认证组织(ABET)提出工程课程计划。2001 年,全面实施 EC 2000。美国工程与技术教育认证组织(ABET)以提高学生的自主创新能力、领导能力、团队合作能力为目标,推出了该课程的发展模式:主要强调学习产出,要求毕业生在学习的过程中必须掌握生存能力和相应的知识。这种模式改善了以往较为僵化古板的认证标准。

(2)医学教育课程发展模式。医学教育课程的发展模式必须要遵守六个发展步骤,即指定学生的需求评量、实行、目的与目标、问题确认与需求评量、教育策略、评估与回馈。

(3)持续改善评价模式。卡尔·R. 罗杰斯(Carl R. Rogers)认为高等教育机构实行和持续改善评价机制是非常有必要的。

(4)调整模式。这种模式的组成部分有:确认资源、定义学位轮廓、构建课程、确定评估类型、定义能力成果、评估与改善。

我国极度重视成果导向教育理念在高等教育中的应用。2018 年《教育部关于加快建设高水平本科教育　全面提高人才培养能力的意见》(教高〔2018〕2 号)中提到了“坚持学生中心,全面发展”“坚持服务需求,成效导向”“坚持完善机制,持续改进”的原则,这是建设高水平本科教育的基本原则。2019 年《教育部关于深化本科教育教学改革　全面提高人才培养质量的意见》(教高〔2019〕6 号)中提到应深化教育教学制度改革,其中一条为“全面推进质量文化建设”,要求应“全面落实学生中心、产出导向、持续改进的先进理念,加快形成以学校为主体,教育部门为主导,行业部门、学术组织和社会机构共同参与的中国特色、世界水平的质量保障制度体系。”《教育部关于一流本科课程建设的实施意见》(教高〔2019〕8 号)在建设内容中提道:“转变观念,理念新起来。以新理念引领一流本课程建设。”“确立学生中心、产出导向、持续改进的理念,提升课程的高阶性,突出课程的创新性,增加课程的挑战度。”2021 年 2 月,《教育部关于印发〈普通高等学校本科教育教学审核评估实施方案(2021—2025 年)〉的通知》(教督〔2021〕1 号)中明确指出,应“紧扣本科教育教学改革主线,落实‘以本为本’‘四个回归’,强化学生中心、产出导向、持续改进,以评估理念引领改革、以评估举措落实改革、以评估标准检验改革,实现高质量内涵式发展”的基本原则,坚持推进改革。由此可以看出,从人才培养能力建设到人才培养质量保证,再到后续教学质量评估反馈,我国高等教育充分尊重“以学生为中心”的教育理念,以学生发展为本位,强化学生中心、产出导向、持续改进,推动人才培养范式从“以教为中心”向“以学为中心”转变。这些无一不显示成果教育理念的核心所在。

坚持以学生为中心,紧扣成果导向教育理念,我国高等教育学校不断进行实践。中国香港是我国乃至整个亚洲地区在学生学习成果规划、推动及执行上的榜样。香港大学教育资助委员会推动成果导向教育理念在大学教育的应用,在 2007—2012 年投入大量经费资助香港中文大学等 8 所大学将学习成果纳入新四年制课程,采用成果导向方法提升学习素质。此外,香港教育学院也成立专门委员会在校内推动成果导向学习。台湾地区教育主管部门于 2014 年 12 月提出了旨在提升大学教学品质和竞争力的“奖励大学教学卓越计划”,开发九项教学基本核心指标,其中就包含推行成果导向课程改革要求。从常志英、崔维淼在其 2019 年刊发的《国内成果导向教育研究主题及脉络演进》一文中的总结可以得出:从研究者所属机构角度分析,除了淮阴师范学院,发文数位于前 10 名的多是职业院校与工科类院校,这说明成果导向教育理念研究多是在工科和职业院校内展开。虽然在国外工程教育、医学教育等专业开展成果导向教育成功案例较多,但在我国主要是在工科院校、高职院校研究成果较多。例如,2013 年,汕头大学基于“学习产出”的工程教育模式,以 CDIO 工程教育改革实践为基础,结合国际工程教育改革及工程教育认证发展趋势,进行了探索与再创新;2014 年,李志义首次在教育部引入成果导向教育理念,并尝试将其应用到教学改革实践中。成果导向教育已然成为我国工科类高校教学研究和改革的重点。

1.2.2 成果导向教育理念在高等教育中的研究状况

国外对成果导向教育理念的研究主要是对其概念和内容进行阐述,通过回顾其发展历程,对成果和成果的模型进行构建,对效果进行分析,剖析实施要点及对课程改革的应用等。

在概念和内容的阐述中,Spady 和 Acharya 等人分别进行研究。Spady 多次对成果导向教育理念进行描述,并给出成果导向教育理念的定义:能够清晰地聚焦和组织教育系统,使其确保学生能够获得在未来生活中的取得成功的经验。Acharya 则提出了四个基本原则:方向设计、扩大机会、给予高的期望和成功的支持、成果的清晰聚焦,在前人总结的基础上对内容进行加深。在成果导向教育理念发展历程研究上,Harden R. M. 对成果导向教育的 12 条优势进行具体研究,并对 1981 年到 2002 年间的发展历程进行了详细的分析说明。在成果导向教育理念成果和成果模型构建的研究上,Harden、Crosby 等人提出了 Dundee 模型和 Three-circle 模型两个成果展现的模型。除此以外,Harden 以孔雀、鸵鸟、海狸为原型,通过对成果导向教育理念的实施进行研究,构建了实施效果检测模型。Kerry J. Kennedy 将中国香港作为成果导向教育实施的对象,从实践、政策、理论之间关系入手进行研究分析,最终得出实践、政策和理论之间相互影响以及能够共同作用于成果导向教育的实施的结论。Janet Battistini 基于成果导向教育在课堂上的应用进行研究。他认为,在成果导向教育的实施过程中,课堂教师才是众多群体中最终起到核心作用的人物。

我国研究成果导向教育理念的时间较晚。2003 年,江波从结果、目的、假设、系统原则等几个方面进行阐述,构建了“以成果为基础的教育”。2007 年,李光梅提出观点认为,要想实施成果导向教学,就必须首先变革教学理念的观念。2009 年,王贵成、夏玉颜等人通过分析理论基石、发展历程、表现形式等方面,认为成果导向教育的理论基石是社会发展的可判断性和人类潜能的可论证性。李志义等人于 2014 年提出用成果导向教育理念引导高等工程教育教学改革。2016 年,申天恩等人通过对成果导向教育理念的进一步理解,根据美国工程与技术教育认证组织(ABET)建议流程机制、国际高等商学院协会(AACSB)确保学习成效流程和美国医学教育的课程发展及调整模式(MD 2000)等实践成果,提出了目标导向、纵向连贯、横向整合、能力检验的成果导向实务教学设计。

在人才培养与成果导向教育理念结合研究方面,2016 年申天恩等人尝试将成果导向理念与人才培养方案相结合。他认为,基于成果导向理念的人才培养方案设计是否成功取决于以下 3 个因素:高校领导实施成果导向教育理念的决心和实际工作部署,教师是否能够真正懂得、真心接纳成果导向教育理念作为教学改革的基本原则,高校是否建立完善的教学回圈以保障成果导向教育理念的实施。2018 年,周洪波基于"反向设计"的原则,先定义人才质量目标要求,再把成果导向教育理念的核心要素与本科教育的人才培养方案及教学大纲有机融合,然后根据目标要求,建立培养目标、毕业要求、课程体系三者之间的逻辑关系,最终促进人才质量目标的达成。2018 年,王春艳基于成果导向教育理念,阐述专业人才的培养目标、毕业要求,并根据培养目标和毕业要求建立课程体系,通过形式丰富的教学模式实现对学生基础知识、专业技能能力和综合素质的培养。

1.2.3 国内外应用研究状况总结分析

国外对成果导向教育理念的研究比较早,对成果教育理念已经有一套较为完备的体系,并基于此建立了国际工程教育认证,形成了工程课程计划、医学教育课程发展模式、持续改善评价模式和调整模式等特色课程模式。对成果导向教育的研究一般多针对阐述概念分析、发展历程分析、实施要点分析、研究课程发展模式及理论基础等方面,欠缺对成果导向教育理念整体的把握和具体的应用。

而国外的研究则帮助我国学者对成果导向教育理念形成了正确的认识。我国对成果导向教育的研究还处于起步阶段,没有形成完整的实施框架。2012 年,成果导向教育开始真正进入中国内地,最开始的研究多局限于对理念的认知和单纯的课程改革。目前我国关于成果导向教育理念的研究多在于实践中与成果导向教育相结合。其研究有侧重于宏观角度的,如专业建设、人才培养方案、课程改革等;也有侧重于微观层面的,如课堂教学、实践教学、学习评价等方面的改革。

1.3 我国国际工程认证现状分析

工程教育专业认证起源于美国。1932 年,美国工程与技术教育认证组织(ABET)负责高等工程教育专业认证。该组织是获得美国教育部认同的非官方组织机构,在世界各国具有很高的公信力和影响力。1995 年 10 月,美国工程界、学术界及 ABET 开始对传统的认证制度进行整改,运用成果导向认证规范 EC 2000 对美国工程教育进行改革,使得美国工程教育进入了一个崭新的发展阶段,在世界工程教育发展史上具有重大意义。由于美国工程教育制度在全球的影响力和权威性指导作用,英国、法国、俄罗斯、日本等国逐渐成立工程教育专业认证组织机构,负责本国认证标准和程序的制订,并积极开展工程教育的多边认证活动,全面协调和管理本国的认证工作,逐步完善本国工程教育认证发展进程,加强工程教育与工业界的联系,积极参与国际交流与合作,不断提升人才培养的国际竞争实力。

国际工程联盟(The International Engineering Alliance,IEA)是全球非营利组织,含 36 个分支机构,遍布 27 个国家和地区。该联盟提出的核心内容是工程教育与工程师国际互认体系,涉及工程教育和继续教育的标准、机构的认证,以及学历、工程师资格认证等诸多方面。主要包括:3 个工程技术教育领域的学历互认协议——《华盛顿协议》(*Washington Accord*)、《悉尼协议》(*Sydney Accord*)和《都柏林协议》(*Dublin Accord*),4 个工程技术专业资格互认协议——《国际职业工程师协议》(*International Professional Engineers Agreement*)、《亚太工程师协议》(*APEC Engineer Agreement*)、《国际工程技术专家协议》(*International Engineering Technologists Agreement*)和《国际工程技师协议》(*Agreement for International Engineering Technicians*)。这些认证协议保证了工程技术领域学历教育与职业能力的互认,其宗旨是提高工程教育质量和工程人才的全球流动性。

2006 年,我国开始构建工程教育专业认证体系,工程教育发展进入了新阶段。要想建立具有国际实质等效、与工程师制度相衔接的认证标准,这就要求我国工程教育培养出来的工程人才质量必须达到国际认可。2013 年 6 月,我国成为《华盛顿协议》的签约预备成员。2015 年 4 月,中国工程教育专业认证协会(China Engineering Education Accreditation Association,CEEAA)正式成立,主要负责我国工程教育认证工作的组织实施,致力于开展工程教育专业认证。对比 ABET 所提出的 11 项工程专业能力准则,我国《工程教育认证标准(2015 版)》规定了自己的 12 条框架要求,其余的 6 项(学生、培养目标、持续改进、课程体系、师资队伍和支持条件)指标与 ABET 的最新认证标准《工程专业认证标准(2016—2017)》基本一致。可以说,《工程教育认证标准(2015 版)》的发布,标志着我国专业认证从形式和内容上由课程导向开始向成果导向转化。我国专业认证开始坚持成果导向教育理念,并将其体现于认证全过程。通过培训和引导,在工程专业不断强化成果导向教育理念,推动工程教育改革。2016 年 6 月,我国成为第 18 个《华盛顿协议》正式成员,这标志着我国本科工程教育质量标准达到国际认证标准认可,通过认证协会认证的工科专业,毕业生学位可以得到《华盛顿协议》其他成员的认可。我国工程教育授予的本科学位实现了国际互认质量标准的实质等效性,在我国高等工程教育发展史上具有重要的历史意义。目前,中国工程教育专业认证协会认证专业已覆盖 21 个专业类,标志着我国拉开了具有国际实质等效的工程教育专业认证的帷幕。中国工程教育已站在新的历史起点上,从全球工程教育改革发展的参与者向贡献者、引领者转变。而工程教育专业认证的核心理念就是“学生中心、成果导向、持续改进”,其中最为核心和关键的就是成果导向教育理念。

10 多年来,我国以申请加入《华盛顿协议》为契机,以推进工程教育认证为抓手,全面深化工程教育改革,实施了“卓越工程师教育培养计划”等一系列改革举措,有力支撑了中国制造 2025、网络强国建设、“一带一路”倡议等。2017 年,教育部积极推进新工科建设,加快发展新型工科专业,改造升级传统工科专业,主张以“大工程观”为教育理念,培养解决复杂工程问题的人才。据统计,我国每年有约 120 余万名工科专业本科毕业生。截至 2019 年底,全国共有 241 所高校的 1353 个专业通过中国工程教育专业认证协会专业认证,这些专业分布于机械、仪器等 21 个工科专业类。通过了工程教育专业认证,标志着这些专业的质量实现了国际实质等效,进入了全球工程教育的“第一方阵”。在国内本科院校大力推进“新工科”建设思路的背景下,《华盛顿协议》为四年制本科工程教育专业认证及专业建设提供了重要参考。中国工程教育专业认证在 2018 年呈现大爆发的态势。中国工程教育专业认证协会官方网站数据显示,2018 年、2019 年两年间共计 244 所高校的 957 个专业通过中国工程教育专业认证协会认证,涉及 54 个专业类。以交通运输专业为例,截至 2021 年 3 月,历年来曾通过工程认证的学校共有20所,而目前交通运输专业通过工程认证的学校共11所,见表1-1。

中国工程教育专业认证协会交通运输专业认证通过院校一览表 表1-1

序号	学校名称	认证有效时间	序号	学校名称	认证有效时间
1	上海海事大学	2018年1月—2023年12月	11	上海工程技术大学	2019年1月—2024年12月
2	华东交通大学	2018年1月—2023年12月	12	大连交通大学	2016年1月—2024年12月
3	东北林业大学	2018年1月—2023年12月	13	石家庄铁道大学	2019年1月—2024年12月
4	东南大学	2012年1月—2023年12月	14	中国民航大学	2013年1月—2024年12月
5	重庆交通大学	2011年1月—2019年12月	15	大连海事大学	2013年1月—2018年12月
6	同济大学	2011年1月—2019年12月	16	兰州交通大学	2010年1月—2018年12月
7	吉林大学	2017年1月—2019年12月	17	华中科技大学	2012年1月—2017年12月
8	长安大学	2019年1月—2024年12月 2008年12月—2017年12月	18	中南大学	2008年12月—2017年12月
9	长沙理工大学	2010年1月—2024年12月	19	西南交通大学	2007年12月—2019年12月
10	武汉理工大学	2010年1月—2024年12月	20	中国民航大学	2014年1月—2019年12月

第2章

交通运输专业应用型人才培养分析

2.1 应用型人才培养的内涵

众所周知,学术型人才的主要任务是致力于将自然科学和社会科学领域中的客观规律转化为科学原理;而应用型人才的主要任务则是将科学原理直接应用于社会实践领域,从而为社会创造直接的经济利益和物质财富。因此,应用型人才培养同样重要。

《现代职业教育体系建设规划(2014—2020年)》(教发〔2014〕6号)指出,要"优化高等职业教育结构",要"在办好现有专科层次高等职业(专科)学校的基础上,发展应用技术类型高校,培养本科层次职业人才"。2015年,教育部、国家发展改革委、财政部印发《关于引导部分地方普通本科高校向应用型转变的指导意见》(教发〔2015〕7号),该指导意见围绕应用型人才培养转变提出了基本思路,并指出了转型发展的主要任务。中共中央、国务院于2019年2月印发的《中国教育现代化2035》指出,要加强创新人才特别是拔尖创新人才的培养,加大应用型、复合型、技术技能型人才培养比重。中共中央、国务院于2010年颁布的《国家中长期教育改革和发展规划纲要(2010—2020年)》明确指出:"适应国家和区域经济社会发展需要,建立动态调整机制,不断优化高等教育结构。优化学科专业、类型、层次结构,促进多学科交叉和融合。重点扩大应用型、复合型、技能型人才培养规模。"这是对经济转型背景下高等教育人才培养工作的战略部署,也是国家层面第一次将应用型人才培养写入正式文件。从以上政策来看,应用型人才培养是目前我国高等教育转型的重点方向。

潘懋元教授认为,高等学校培养人才分为三种基本类型:①学术性研究型大学,培养拔尖创新学术型人才;②专业性应用型的多科性或单科性的大学或学院,培养应用型高级专门人才;③职业性技能型院校(高职高专),培养在生产、管理、服务第一线从事具体工作的职业技术人才。

本书是对本科类院校进行研究,因此对职业技术人才不做具体介绍。

应用型人才主要指在一定的理论规范指导下,从事非学术研究性工作,即能够将抽象的理论符号转换成具体操作构思或产品构型,将知识应用于实践的人才。从其含义可知,应用型人才与擅长理论研究的学术型人才和擅长实际操作的技能型人才相对应,要求培养的人才既能够有足够的理论基础和专业素养,又能够理论联系实际将知识应用于实际。应用型人才的核心是"用",本质是学以致用,"用"的基础是掌握知识与能力,"用"的对象是社会实践,"用"的目的是满足社会需求,推动社会进步。应用型人才的本质内涵是科学技术转化为现实生产力的重要桥梁,是高等教育应用价值的直接载体,是“智慧”转化为“实惠”的关键所在。

应用型人才可以分为三类:第一类主要运用专门知识、专业理论与基本技能,将学科知识与科学原理转化为直观的实践设计方案、设计图纸和运行决策等,主要指研究型大学或应用型本科院校培养的专业(工程)硕士或本科生,属于工程型人才。第二类主要从事产品开发、企业管理和经营决策等相关活动,并将设计(图纸)和决策方案转化为现实的产品,主要由应用型本科院校培养,属于技术型人才。第三类由高职高专院校培养,主要从事具体的生产操作和企业实务等实践活动,属于技能型人才。

应用型人才培养规格的基本构成要素为知识、能力、素质,其具有以下特点:在知识方面,强调够用、实用、复合;在能力方面,强调职业、技术、创新;在素质方面,强调综合、敬业、实干。其人才培养的主要特征表现为:一要立足行业性,以便“好就业”,即紧紧围绕地方行业、企业、社区的生产、建设、管理和服务需要,培养一线应用型专门人才;二要突出应用性,以便“用得上”,即以应用能力为核心,着重培养学生运用理论解决实际问题的能力;三要强化实践性,以便“上手快”,即注重教学做一体化,加强学生实践动手能力训练;四要强调技术性,以便“有专长”,即以强化技术能力为重点,将技术性贯穿于课程体系建设和实践教学过程,培养学生生产、管理实务的专门技术;五要注重职业性,以便“干得好”,即培养目标、规格要求、教学内容、教学过程要对接职业和岗位要求,实现学业与就业的有效衔接;六要体现创新性,以便“后劲足”,即注重培养学生的创新意识和方法以及科技运用、推广和创新创业能力。

应用型本科人才在社会适应性方面,突出知识与理论应用于实践的人才特色,强调社会分工对各种人才需求的合理分布和不同层次、不同类型人才的互补性,降低人才因为同构化程度高、相似程度高而产生的竞争;强调人才适应行业企业生产实践的能力,面对工作对象培养应用能力,缩短知识与工作对象的距离,满足社会广泛需求的既有理论功底、又有综合运用理论和技术的综合能力和解决问题的实践能力的人才需求;强调综合素质的培养是一种针对专业教育而言的通识教育,提高人才更为广泛的适应性。

纵观世界工业化国家和地区20世纪中后期职业教育发展的共同趋势,以本科层次为核心的高层次应用型人才培养体系为经济社会发展和技术进步提供了高质量的人力资源支撑,推动和引领了产业社会的高质量发展。

2.2 我国交通运输专业开设分析

2.2.1 我国交通运输专业开设院校

目前,我国共计160所学校开设交通运输专业,分布于31个省(自治区、直辖市),具体分布情况如图2-1所示。分布学校较多的地区为江苏、山东、辽宁和广东,重庆、西藏、青海、宁夏4个地区仅有1所学校开设该专业。

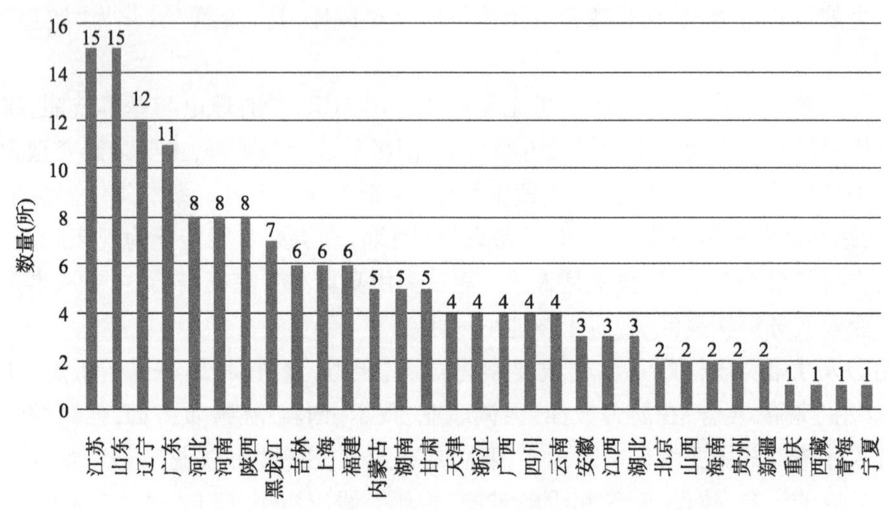

图 2-1　交通运输专业开设学校地区分布

2.2.2　我国交通运输专业课程体系分析

在我国 2018 年 1 月颁布的《普通高等学校本科专业类教学质量国家标准》(以下简称《国标》)中,交通运输类教学质量国家标准部分对我国交通运输类专业的专业知识要求、专业开设方向及其核心课程体系予以说明。

《国标》指出,交通运输专业核心知识领域一般包括交通运输基础设施建设、载运工具理论和技术装备、交通运输系统规划、港站枢纽规划与设计、旅客运营组织、货物运营组织等知识领域,具体课程可根据各种运输方式的共性知识领域,也可结合某种具体运输方式或者综合运输的特点设置。我国交通运输专业大致可分为道路运输、铁路运输、水路运输和航空运输四个办学方向。例如,同济大学交通运输专业在人才培养上逐渐形成了重点面向轨道交通系统,兼顾其他交通运输方式的专业特色;北京交通大学所开设的交通运输专业下便区分了不同交通运输方式的特点,分为铁路运输、道路运输、城市轨道交通和智能交通四个方向;长安大学的交通运输专业则更偏向道路运输方向。

交通运输专业不同方向开设课程体系有所区别。

(1)道路运输核心课程体系示例。道路运输专业分汽车技术应用和道路运输管理两个方向。其共同核心课程包括:交通运输工程概论、汽车构造、运筹学等;其中汽车技术应用方向需增设汽车运用工程、汽车检测诊断技术、汽车可靠性理论等课程,道路运输管理方向需增设交通运输组织学、交通港站与枢纽、城市公交规划与运营管理、运输经济学等课程。

(2)铁路运输核心课程体系示例。核心课程包括:交通运输基础设施与装备、交通运输系统规划与布局、铁路站场与枢纽、铁路旅客运输、铁路货物运输、铁路运输组织、运输商务等。

(3)水路运输核心课程体系示例。核心课程包括:交通港站与枢纽、交通规划理论与方法、货运技术、危险品运输、运输经济学、航运经济学、集装箱运输与多式联运、物流与供应链管理等。

(4)航空运输核心课程体系示例。航空运输专业核心课程包括专业基础课程和空中交通管理、飞行运行管理、机场运行管理三个方向专业课程,其中专业基础课有空中交通系统优化与管理、空气动力学、航空气象学、航空中人的因素与实践、飞机性能工程等。

2.3 我国交通运输专业应用型人才培养现状分析

2.3.1 国际交通运输专业应用型人才培养体系研究

西方国家的高校中,一般不单独设置交通运输专业,对交通运输专业人才的培养是分散于相关的学科中。如英国哈德斯菲尔德大学的运输与物流专业,该专业的研究对象是货物运输。哈德斯菲尔德大学运输与物流专业课程体系的主要特点有:

①强调宽基础知识。在全部的530学分中,基础科学和专业基础课有410学分,占77.4%,而且在专业课及选修课的设置中,该专业带明显的“管理”特点,偏重“软件”技术。

②课程安排主线清晰,以物流为核心,增加了社会经济与管理类旁通相关门类课程,在主专业的基础上,增加社会经济与管理类课程,打造复合型人才。

③在培养多样化方面,开设一些选修课程,每学期规定选修10~20学分,选修学分占总学分的17%,从而让学生根据个人的特长与兴趣或需要,选修相应的课程,有助于个性化教育。

④该专业“工程教育”更加明显,在第三学年,安排了一年的“专业实践”要求,通过与企业业务实际的接触,使学生真正了解企业生产、运输现状与业务程序,毕业后就业选择余地大,竞争力强。该学校的工程教学计划,主旨是培养工程技术应用型人才,因此,教学内容和环节的安排突出技术应用,强化“学习与应用”结合。

2.3.2 我国交通运输专业应用型人才培养体系研究现状

目前,国内开设交通运输专业的高校已达到160所,其中山东省有15所高校设立了该专业。交通运输专业的覆盖面非常广,包括交通工程、交通运输规划与管理、载运工具运用工程等方向,各高校在培养人才时一般侧重某一个或几个方向。同一专业名称培养人才的服务领域也会大相径庭,例如西南交通大学、西安交通大学的交通运输主要以铁路运输为主,大连海事大学的交通运输主要以水路运输为主,长安大学、吉林大学等则以道路运输为主。经过多年的研究探索和实践总结,各院校交通运输专业在办学定位、培养目标、课程体系和实践环节等方面均形成了自己的特色。在培养目标上,北京交通大学、西南交通大学和中南大学均致力于培养交通运输领域从事规划设计、运营组织与管理的高级专门人才或高级工程技术人才,但在专业定位上则分化明显:北京交通大学交通运输专业的培养目标与方向多元化,注重研究型人才培养,铁路特色有所弱化;西南交通大学和中南大学的交通运输专业立足轨道交通,面向综合运输,保持了铁路特色。

在交通运输专业应用型人才培养体系构建方面,广大教育工作者进行了大量的探索。内蒙古工业大学的司景萍对交通运输专业(汽车运用工程方向)的人才培养模式、课程体系建设、创新素质教育等方面进行了分析,提出交通运输专业人才的培养必须与我国交通运输发展趋势对人才的要求相适应,交通运输专业应按照“厚基础、宽口径、增强能力、有所特长”的办学宗旨设置合理的课程体系,改革教学手段和教学方法。内蒙古农业大学的陈松利针对交通运输专业汽车类课程实践教学中存在的问题,结合内蒙古农业大学交通运输专业特点,以注重就业能力培养的实践教学理念,突出“基础扎实、素质高、能力强”的人才培养特色,构建了以学科基础理论教育、专业基础理论教育为基础,由基础技能、专业技能、综合应用能力、创新能力培养等实践教学环节构成的多层次、内涵丰富、系统化实践教学体系。江苏大学的葛慧敏在对大学生个性化发展的特点进行研究的基础上,分析了目前交通运输专业课程教学中存在的问题,并从教学手段、教学内容、教学思想等方面提出了交通运输专业课程体系教学改革的方向。浙江树人大学的陈新民基于实践视角,将应用型本科的课程改革聚焦在厘清培养目标定位、构建服务于培养目标的课程体系和变革教学方法上,并就应用型本科的课程改革策略进行了探讨。东北林业大学的王宪彬阐述了工程教育专业认证背景下的人才培养方案设计、教学设计与实践教学培养方案规划等教改问题,并以东北林业大学为例,从培养目标、核心课程与毕业学分要求三个方面分析了交通运输专业人才培养方案的实践内容。北华大学的刘晓惠根据交通运输专业应用型人才培养目标的要求,对交通运输专业课程体系的构建、应用型人才培养体制改革进行了探讨。沈阳大学的肖倩以沈阳大学为例,结合教学实践的经验,分析了交通运输专业课程体系在教学中存在的问题,从培养目标和能力要求两方面对该课程的教学特色和课程设置进行了论述。重庆交通大学的杨亚璪以重庆交通大学国家特色专业交通运输专业实施卓越工程师教育培养计划为契机,开展课程体系改革及培养模式创新的研究。通过分析专业课程体系的现状及其存在的问题,结合卓越工程师的培养标准和要求,在培养过程中重视创新能力、实践能力的提升,以提高学生的工程素养,提出分层次模块化课程体系的构建方法。东南大学的温旭丽等人针对交通运输专业人才培养方案是否真正体现应用性进行相应的调查研究,分析检验培养计划的科学合理性,并基于此对培养计划中存在的与社会需求不适应的问题进行分析研究,最终制定出符合社会人才需求的交通运输专业应用型人才培养方案。安徽三联学院的凤鹏飞等人以安徽三联学院交通运输专业为例,通过错位发展、专业群共建和特有的产学研模式等展开深入分析,形成交通安全特色人才培养模式。河南科技大学的童镭等人结合实际教学管理情况,探讨了应用型交通运输专业人才培养模式的改革以及加强交通运输专业学科建设的方法。

2.3.3 现阶段应用型人才培养体系构建面临的问题

分析相关文献,本书认为,目前交通运输专业应用型人才培养体系主要存在专业定位与培养目标错位、培养目标与毕业要求错位、毕业要求与课程体系错位、教学目标与教学内容错位、教学方法与培养要求错位、重制订轻实施等问题。

(1)专业定位与培养目标错位。部分以培养应用型人才为目标的本科院校,虽然在专业定位上确定为应用型,但在制订人才培养方案时,人才培养目标的设定却与专业定位较为不符,更多是沿袭老牌本科院校的专业培养目标,更多地强调学生的研究能力,片面强调学科在专业培养方案中的地位和作用,专业定位与人才培养方案中设定的培养目标扭曲。作为以培养应用型人才为主要目标的高等院校,"应用"应成为学科布局、专业设置、科学研究、教学模式、质量评价、办学传统的主色调。而部分院校中的交通运输专业面临此项问题。

(2)培养目标与毕业要求错位。在确定了应用型人才培养目标之后,需要解决的是如何将应用型人才培养的目标和应用型人才需要具备的能力联系起来,围绕应用型人才所具备的能力,进行分析,加以分解,形成专业毕业要求。而现在部分以培养应用型人才为目标的本科院校在确定培养目标之后,在能力分析上简单化,使得培养目标无从落实、无法实现,也会因为毕业要求和培养目标的错位而使得目标落空。

(3)毕业要求与课程体系错位。毕业要求中各种能力的获得是应用型人才培养的终极目标,而能力的获得需要相应完善的课程体系的支撑。知识传授主导型课程体系设计以知识传授为培养目标,沿着学科知识体系的轨道展开,培养过程按照知识传授的深入层层推进。这样的课程体系把工程素养的训练和工程实际能力的培养放到了从属的位置。另外,课程体系中部分课程的设置与工程专业培养目标的关联度不强。在部分本科高校的应用型人才培养过程中,已知人才培养目标和毕业要求,却几乎没有根本改变课程的体系结构,仍沿用传统的知识传授型的课程结构,使得培养目标和毕业要求与课程体系脱节。

(4)教学目标与教学内容错位。具体到每一门课程,也存在着教学内容与教学目标的错位现象。作为人才培养体系中课程体系的构成元素,每一门课程在人才培养体系中都有其特殊及必要的地位和作用,为了实现其在人才培养方面的功能,就要确定各课程特有的教学目标,但是部分高校的部分课程在此环节存在错位现象。具体到教学活动中,部分教师在教材的选择、教学内容的组织上并没有考虑到所授课程在人才培养中的作用,教学目标与教学内容错位。

(5)教学方法与培养要求错位。应用型人才培养最终要落实到教学环节,应用型课程体系构建之后需要运用与之相匹配的教学方法。为了满足高等工程教育的要求,传统的以课堂教学为主的教学方式已经难以训练工程师所必需的能力,课程教学必须从传统的知识传授向能力培养转变。由于部分高校教师缺乏实践经验,没有完全领悟和把握应用型人才培养模式的规律,没有从应用型人才培养的角度来理解教学要求,教学方法的选择依然沿用传统的教学方式,偏重于课堂,偏重于教,与应用型人才培养的教学要求不相符。使得应用型人才的培养无法找到其落脚点,应用型人才培养的理念、目标较难落实。

(6)重制订轻实施。一个完整的人才培养体系应该包括制订和实施两个环节,现在部分学校在人才培养体系制订过程中,没有将人才培养体系的制订和实施联动起来考虑,重制订轻实施。人才培养体系制订后,并没有对实施方案进行细化,缺少对人才培养体系实施过程的监控,也没有对实施结果进行有效的评估和反馈,致使人才培养体系的效用逐渐递减。

2.4 国家战略对交通运输专业应用型人才培养的影响分析

2.4.1 国家战略背景分析

1)新工科战略

2017 年 2 月以来,教育部积极推进新工科建设,先后形成"复旦共识""天大行动""北京指南”,并发布了《关于开展新工科研究与实践的通知》《关于推荐新工科研究与实践项目的通知》,加快培养新兴领域工程技术人才,改造升级传统工科专业,主动布局未来战略必争领域人才培养,提升国家硬实力和国际竞争力。因有别于传统工科专业的改造升级,“新工科”名称由此而生。

新工科的概念是相对于原有工科或传统工科的概念提出的,可以解释为理学、工学、医学、人文社科等多种学科不断地交叉融合与创新而形成的新工程学科、新领域、新范式等的概念的综合。新工科可以是交叉学科,也可以说是一级学科或者是二级学科,甚至是一个专业的其中一个研究方向。新工科专业是指高校为满足国家战略发展和经济发展需求,正在形成或者即将形成的新型、新兴、新生学科和专业或者研究方向,它区别于传统工科和现有工科,由政府牵头,高校和企业共同进行人才培养,加速产业和经济发展的联系,具有引领性、创新性、交融性、跨界性等特点,对工程学科和专业建设持续发展具有较高要求。从根本上说,新工科专业是传统产业为适应新经济的发展要求,依靠高等院校这一育人平台,对原有的工科专业进行转型升级,建立更多可以直接对接当下经济发展的新兴专业。这些专业有些是在原有工科专业的基础上延伸发展而来的,还有一些新学科新专业是由两种或者多种学科交叉而来的。

为适应新工科的发展需求,地方应用型本科院校应主动布局战略性新兴产业发展相关学科专业,健全专业动态调整机制。通过对现有专业进行改造、嫁接、置换,增设新工科专业(如机器人工程、数据科学与大数据技术专业等),淘汰落后专业,完成专业布局优化调整和对传统工科专业的升级,优化学科专业结构,形成适应地方经济社会需求,结构合理、相互支撑、协调发展的学科布局。

2)教育现代化战略

党的十九大作出了优先发展教育事业、加快教育现代化、建设教育强国的战略部署,党中央、国务院发布了《中国教育现代化 2035》,对从 2019 年起到 2035 年教育现代化建设进程作出全面系统的规划。

《中国教育现代化 2035》指出了推进教育现代化的总体目标:到 2020 年,全面实现“十三五”发展目标,教育总体实力和国际影响力显著增强,劳动年龄人口平均受教育年限明显增加,教育现代化取得重要进展,为全面建成小康社会作出重要贡献。在此基础上,再经过 15 年努力,到 2035 年,总体实现教育现代化,迈入教育强国行列,推动我国成为学习大国、人力资源强国和人才强国,为到本世纪中叶建成富强民主文明和谐美丽的社会主义现代化强国奠定坚实基础。其中,到 2035 年,教育现代化对高等院校提出的主要发展目标是:高等教育竞争力明显提升。

为达成教育现代化战略目标,《中国教育现代化 2035》重点部署了面向教育现代化的十大战略任务,其中提到要提升一流人才培养与创新能力。分类建设一批世界一流高等学校,建立完善的高等学校分类发展政策体系,引导高等学校科学定位、特色发展。持续推动地方本科高等学校转型发展。优化人才培养结构,综合运用招生计划、就业反馈、拨款、标准、评估等方式,引导高等学校和职业学校及时调整学科专业结构。加强创新人才特别是拔尖创新人才的培养,加大应用型、复合型、技术技能型人才培养比重。加强高等学校创新体系建设,建设一批国际一流的国家科技创新基地,加强应用基础研究,全面提升高等学校原始创新能力。探索构建产学研用深度融合的全链条、网络化、开放式协同创新联盟。提高高等学校哲学社会科学研究水平,加强中国特色新型智库建设。健全有利于激发创新活力和促进科技成果转化的科研体制。

《中国教育现代2035》明确了实现教育现代化的实施路径:一是总体规划,分区推进。在国家教育现代化总体规划框架下,推动各地从实际出发,制定本地区教育现代化规划,形成一地一案、分区推进教育现代化的生动局面。二是细化目标,分步推进。科学设计和进一步细化不同发展阶段、不同规划周期内的教育现代化发展目标和重点任务,有计划、有步骤地推进教育现代化。三是精准施策,统筹推进。完善区域教育发展协作机制和教育对口支援机制,深入实施东西部协作,推动不同地区协同推进教育现代化建设。四是改革先行,系统推进。充分发挥基层特别是各级各类学校的积极性和创造性,鼓励大胆探索、积极改革创新,形成充满活力、富有效率、更加开放、有利于高质量发展的教育体制机制。

3)交通强国战略

随着我国经济持续快速发展,交通运输行业的发展迈入了新的大提速时期。交通是兴国之要、强国之基。党的十九大制定了全面建设社会主义现代化强国的宏伟蓝图,提出建设交通强国的宏伟目标,为交通运输领域发展指明了方向。

2019年9月,中共中央、国务院印发《交通强国建设纲要》,明确从2021年到21世纪中叶,我国将分两个阶段推进交通强国建设。到2035年,基本建成交通强国,拥有三张交通网,基本形成两个交通圈。《交通强国建设纲要》要求要牢牢把握交通"先行官"定位,适度超前,进一步解放思想、开拓进取,推动交通发展由追求速度规模向更加注重质量效益转变,由各种交通方式相对独立发展向更加注重一体化融合发展转变,由依靠传统要素驱动向更加注重创新驱动转变,构建安全、便捷、高效、绿色、经济的现代化综合交通体系,打造一流设施、一流技术、一流管理、一流服务,建成人民满意、保障有力、世界前列的交通强国,为全面建成社会主义现代化强国、实现中华民族伟大复兴中国梦提供坚强支撑。《交通强国建设纲要》结合国家的战略需求及新时代中国交通发展实际与主要特点,从基础设施、交通装备、运输服务、科技创新、安全保障、绿色发展、开放合作、人才队伍、行业治理九个方面明确了交通强国建设的九大任务,为未来30年的交通强国建设提供了指导性文件。目前,交通强国建设已进入落地实施期,我国也将由"交通大国"逐步向"交通强国"迈进。

作为交通运输专业院校,应对照交通强国建设需求,整合调整专业结构,实现"道路交通为主体,覆盖行业各方向,辐射高铁与地铁,服务全国大交通"的专业建设目标。积极构建人才培养对接产业转型升级的专业发展模式,深化交通运输行业产教融合、校企合作等模式,促进人才培养质量提升。

2.4.2 对地方交通类应用型本科院校发展的影响分析

地方应用型本科院校作为人才培养的主要基地,应积极探索国家新战略背景下的人才培养模式,在人才培养目标、课程体系、教学模式、师资队伍建设、考核与评价等多个方面采取改革措施。

1)人才培养目标的改革

新工科、教育现代化、交通强国战略背景下人才培养模式改革的首要任务就是重新定位人才培养的目标。新工科倡导培养具备扎实的专业知识和较强的工程实践能力,具备一定的人文素养和创新意识的工程技术人才。因此,新的人才培养目标应突破传统工科人才培养的桎梏,适应交通强国建设需求以及产业发展实际需求。因此,重新定位的人才培养目标必然与传统工科人才培养目标有所不同。新工科、教育现代化、交通强国战略背景下的地方应用型本科院校人才培养目标的定位应注重人才培养规格与社会和产业的联系,应根据自身所在的社会环境、自身的办学特色和办学水平,以及相关的企业需求,设计相应的人才培养目标。

2)课程体系的重构

新工科在课程体系方面对比传统工科的最大区别是,新工科在传统工科的基础上更加重视实践性课程建设。在传统工科的课程体系中,存在"重理论、轻实践"课程观的现象,这可能导致人才培养更偏重于理论知识的教授,缺乏实践能力的训练。因此,在"新工科"提出后,部分地方应用型本科院校根据自身的办学经验和"新工科"理念,重新构建了课程体系。重新构建的课程体系都十分重视实践课程的设置,注重相关产业的最新发展和相关企业、专家的参与。同时,课程体系的设置要综合考虑人才培养目标和交通强国建设目标。

3)教学模式的革新

新工科是一个全新的概念,新工科人才的培养也是一个十分复杂的问题。因此,如果依据老旧的、一成不变的教学方法,较难培养出新工科人才。因此,地方应用型本科院校应从重视学生在教学中的主体地位、重视实践性教学的发展、重视教学方法的多样化等多方面改革教学模式。

4)师资队伍的建设

想要培养具有更强实践能力的学生,就要有能够培养这种学生的教师。因此,新工科建设背景下的师资队伍建设是人才培养模式改革中不可或缺的一环。目前,地方高校对师资队伍建设的主要途径有两种:一种是引进校外的高水平专业教师,强化自身的师资队伍建设;另一种是通过对在职教师的培养,提升师资队伍的整体水平。两种途径各有利弊,同时都不可或缺。

5)健全评价考核反馈机制

教育现代化战略为完成2035年总体实现教育现代化的目标提出了完善教育质量标准体系,构建教育质量评估监测机制,建立全过程、全方位人才培养质量反馈监控体系的要求。而对于地方交通运输类应用型本科院校来说,在国家战略下,改革人才培养目标、重构课程体系、革新教学模式固然重要,但是良好的教学质量是需要进行反馈的。健全评价考核反馈机制,及时监控学生的学习效果,从而不断完善各教学环节,也有助于进一步提高教学质量。

2.4.3 基于国家战略的交通运输专业应用型人才培养体系要求

针对目前我国交通运输类专业应用型人才培养现状存在的问题,结合国家战略要求,现阶段的交通运输专业应用型人才培养体系应满足以下要求。

1)清晰定义专业培养目标

清晰的专业定位与准确的培养目标相结合,是应用型人才培养的第一步。交通运输专业知识领域广,内容繁多,仅从交通运输方式分便可分出五个方向,因此,专业定位非常重要。在新工科、教育现代化战略的指导下,基于成果导向理论,以学生为中心,进行反向设计,把握专业定位,基于此设置相应的培养目标、培养方案,是交通运输专业应用型人才培养体系构建的首要且必须环节。

2)创新人才培养方案

随着时代的进步,新兴学科不断涌出。特别是新工科、教育现代化战略的提出,国家主动布局未来战略必争领域人才培养。交通强国战略的提出,无疑为交通运输行业的发展提供了良好的大环境。交通运输专业作为传统工科专业,既有其独特的地位,又随着当下新兴技术的发展而涌现出新的活力,如新能源汽车、车联网、智慧交通等。这对交通运输专业应用型人才提出了新的要求。创新人才培养方案,考虑融合相关学科的课程,满足学生解决相关问题的基本能力,从而培养真正的应用型人才,是现阶段交通运输专业应用型人才培养的重要一环。

3)人才培养体系构建各环节协调统一

构建交通运输专业应用型人才培养体系,仅有清晰的专业定位与准确的培养目标是不够的。如果说前两者是应用型人才培养体系构建的指导方针,那么毕业要求、课程设置等环节则是该指导方针具体落实的方向。这要求各环节协调统一,即专业定位与培养目标相一致、培养目标与毕业要求相统一、毕业要求与课程设置相一致,只有各环节相互配合落实,应用型人才培养才能落到实处。

第3章

应用型人才培养体系构建

3.1 应用型人才培养体系构建思路

《国家中长期教育改革和发展规划纲要(2010—2020年)》指出,高等教育要优化结构办出特色,重点扩大应用型、复合型、技能型人才培养规模。教育部也把高等教育结构调整作为“十三五”高等教育改革的主要任务,其突破口就是地方本科高校的转型发展,即引导部分地方本科高校向应用型转变。2015年10月,由教育部、国家发展改革委、财政部联合印发的《关于引导部分地方普通本科高校向应用型转变的指导意见》(以下简称《指导意见》)(教发〔2015〕7号),从四个层面提出了引导部分地方普通本科高校转型发展的十四项主要任务。这对于今后这些地方普通本科高校的发展具有明确的指导意义。

在高校转型发展的艰难历程中,尽管涉及国家政策、办学定位、专业设置、办学资源配置、学生就业面向等诸多因素,但人才培养体系的重构却是重中之重。《指导意见》中明确要求要创新应用型技术技能型人才培养模式。建立以提高实践能力为引领的人才培养流程,率先应用“卓越计划”的改革成果,建立产教融合、协同育人的人才培养模式,实现专业链与产业链、课程内容与职业标准、教学过程与生产过程对接。应用型本科教育的目标是培养直接面向市场和社会一线的工程应用型和管理人才,强调其既具有宽厚的知识基础、应用性专业知识和技能,又具有转化和应用理论知识的实践能力以及一定的创新能力。为此,《指导意见》还要求深化人才培养方案和课程体系改革。以社会经济发展和产业技术进步驱动课程改革,整合相关的专业基础课、主干课、核心课、专业技能应用和实验实践课,更加专注培养学习者的技术技能和创新创业能力。为了实现应用型人才培养目标,转型高校必须转变传统的人才培养模式,构建以能力培养为核心,重点培养学生知识融会贯通、学以致用能力的应用型人才培养体系。

我国的高等教育体系,从根本上来说,更多借鉴的是苏联计划经济时期的教育模式。在这样的模式下,对于部分新建本科高校来说,在制订人才培养方案时,往往是简单照搬照抄官方规定或名校经验,而较少考虑人才培养的类型、层次、社会需求和自身实际,造成部分高校办学同质化,培养的人才不能适应实际经济社会的发展需求。地方普通本科高校要实现转型发展,必须着眼于大学生的就业和职业发展,转变人才培养模式,构建更加符合应用型高校的办学定位,制订符合社会需求的教育目标和质量标准,培养适应经济社会发展的所需人才。

对于传统的学科导向型教育模式,人才培养模式的构建遵循正向设计原则,即遵循专业设置按学科划分的原则，知识结构强调学科知识体系的系统性和完备性，教学设计更加注重学科需要，这样培养出来的人才对社会和行业、用人单位等外部需求只能做到“适应”，而很难做到“满足”。

基于成果导向教育理念的应用型人才培养体系按照“从行业发展倒推专业设置”“从企业需求倒推课程内容”“从岗位职责倒推能力培养”的方法来构建，从而使人才培养体系适应学科、社会和毕业生自身发展的需要。也就是说，专业所构建的人才培养体系，从学科的角度看，要能满足毕业生胜任进一步学习和研究的需要；从社会需求的角度看，毕业生要能胜任相关职业岗位和社会对本专业人才不断变化的要求；从毕业生的角度看，要能够使他们具备可持续发展的能力。

成果导向教育是一种目标导向教育，其目标是学生学习成果（Student Learning Outcomes，SLOs），即专业培养目标和毕业要求。SLOs 是对学生特定学习期望的描述，即学生通过课程、课程体系的学习后，应该取得的那些具体的可以测量的学习成果，这些成果主要包括知识与理解力、能力与实际技能、态度与价值观，也包括自信心、毅力、领导才能、社会责任感等。

按照上述思路，确定以能力培养为主线的人才培养体系重构理念，并提出基于成果导向教育理念的应用型人才培养体系构建逻辑过程图，如图 3-1 所示。

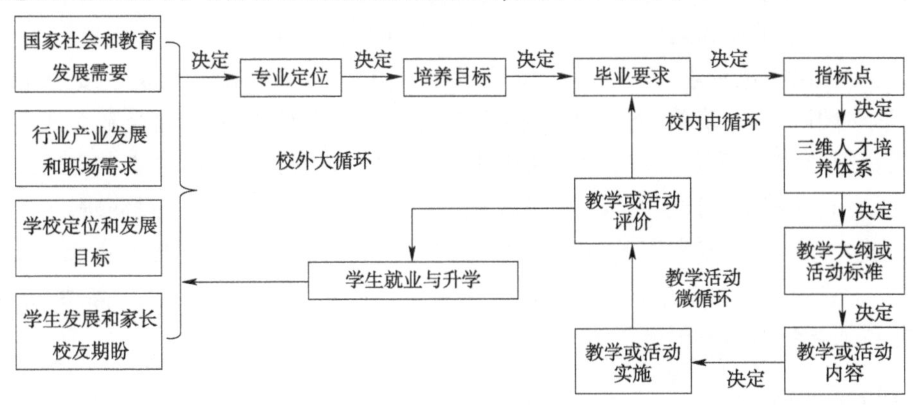

图 3-1　基于成果导向教育理念的三循环人才培养模式构建逻辑图

上述基于成果导向教育理念的应用型人才培养体系重构的思路为：市场需求→专业定位→培养目标→毕业要求→可考核指标→人才培养体系→教学活动实施→教学活动评价反馈→持续改进。成果导向教育指的是以预期达到的学生学习成果（SLOs）来制订具体的人才培养体系，而学生学习成果的确定则主要依据行业产业发展的需求。首先，在广泛调研的基础上确定人才培养定位、人才培养目标和毕业要求，并将毕业要求分解成可考核指标点；由分解的毕业要求可考核指标点，反向倒推确定人才培养体系，建立人才培养体系与可考核指标点间的对应关系；实施人才培养体系，并构建“教学活动微循环、校内中循环、校外大循环”相结合的三循环反馈机制，使人才培养体系不断优化。

“教学活动微循环”是指课程和第二课堂循环机制：以学年为周期，以毕业要求分解的指标点为关注点，主要通过课程实施分析课程目标达成情况，根据达成情况进行教学反思，提出改进措施，形成课程持续改进机制。

“校内中循环”即毕业要求循环机制:以四年为周期,以毕业要求为关注点,综合采用“直接评价”“间接评价”相结合的方式评价毕业要求达成情况。结合毕业要求达成度评价结果,修订新一年的专业毕业要求,形成毕业要求持续改进机制。

“校外大循环”即培养目标机制:以四年为周期,以培养目标为关注点,建立面向用人单位、行业企业且校友各方参与的社会评价机制,根据对毕业生的跟踪反馈,定期分析培养目标的达成情况,同时根据国家和经济社会需求、产业和行业发展、家长和校友期望、学校定位、学生发展等,修订培养目标,形成专业培养目标持续改进机制。

从上述分析可以看出,基于成果导向教育理念的人才培养模式是反向设计、正向实施,这时,“社会发展的需求”既是起点又是终点,从而最大程度上保证了教育目标与结果的一致性,增强了专业教育的适应性。

3.2 交通运输专业应用型人才需求调研

3.2.1 调研背景

专业调研是专业人才培养方案的逻辑起点。

山东交通学院的交通运输专业是交通运输行业的主干学科专业,办学历史悠久,特色优势明显,为国家级特色专业、国家级专业综合改革试点专业、省级特色专业等,聚集着科学研究、学术职业团队、人才培养、社会服务、国际交流等诸多要素,为经济社会和交通运输行业的发展发挥重要作用,为行业培养了大量应用型人才。但随着时代的进步和交通运输行业的发展,原有教学模式和教学内容已不能完全适应人才培养的需求。通过调研,了解我国交通运输行业发展现状及未来发展趋势,分析经济建设与社会发展对交通运输专业人才的需求状况,可为明确交通运输专业应用型本科人才培养目标、进一步修订人才培养方案、构建应用型本科人才培养体系奠定基础。

3.2.2 调研内容

采用问卷调查、专家研讨与访谈、产学研合作、社会服务等多种方式,从行业发展现状与未来研究方向、专业人才社会需求、培养现状与趋势等方面,以毕业生、社会用人单位、专业专任教师、在校生、行业专家、教育专家、国内外高等学校交通运输类专业等为调研对象进行广泛调研。

1)毕业生

2020 年 7 月,通过发放调查问卷形式对毕业生进行调研,调查问卷见附件 1。本次共发放调查问卷 160 份,回收有效问卷 157 份,回收率为 98.1%。

调查问卷分析如下。

(1)调查问卷中:9. 企业为你安排的各项工作是否可以完成?

A. 各项工作轻松完成

B. 经过自己努力可以完成

C. 难度较大,需要在企业人员指导下完成

调查统计结果为:A 占 2/3,B 占 1/3,说明培养的人才能够胜任所从事的工作。

(2)调查问卷中:11. 你目前从事的工作和你的专业有关吗?

A. 正是本专业的工作

B. 有一定联系,要用到专业知识

C. 毫无关联

D. 其他

调查统计结果为:A 占 4/5,B 占 1/5,说明培养的人才定位准确。

(3)调查问卷中:14. 你对目前从事的工作满意程度是:

A. 非常满意　B. 满意　C. 一般　D. 不满意　E. 非常不满意

工作满意度调查结果如图 3-2 所示。对目前从事的工作不满意和非常不满意的共占 9%,说明学生对自身从事的工作还是比较满意的,符合学生的个人发展规划要求。

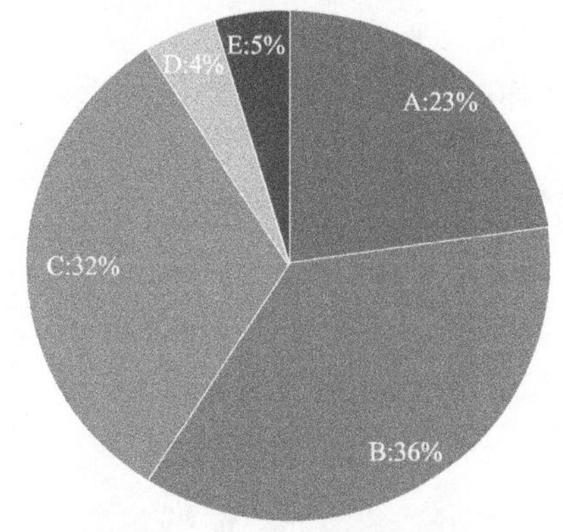

图 3-2　工作满意度调查结果

(4)调查问卷中:17. 工作后你经过多长时间能够胜任工作?

A. 两年以上　B. 一年左右　C. 六个月左右

D. 三个月左右　E. 一个月左右　F. 上岗即可

调查统计结果为:90% 的学生认为需要三个月以上的时间。符合专业的培养定位,基本达到了专业的培养标准。

(5)调查问卷中:19. 在校期间哪些环节对你的就业帮助最大?(可多选)

A. 基础课程　B. 专业课程　C. 教学实践

D. 毕业设计或毕业论文　E. 专业实习　F. 课外学术活动

G. 担任学生干部　H. 参加公益活动

对学生就业帮助最大的培养环节调查统计结果如图 3-3 所示。

(6)调查问卷中:20. 在你求职或面试过程中,你认为哪些因素最重要?(请选出三项你认为最重要的)

A. 专业知识　B. 工作能力　C. 交际能力

D. 相貌　E. 身高　F. 口才

G. 特长或爱好　H. 学习能力

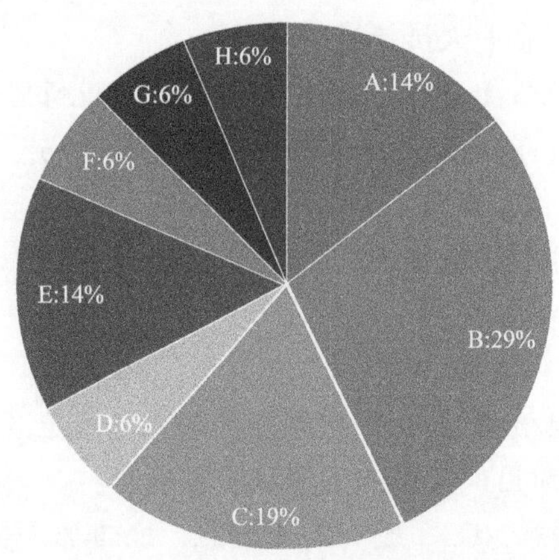

图 3-3　对学生就业帮助最大的培养环节调查统计结果

调查统计结果为:最重要因素依次是交际能力、工作能力、专业知识、特长或爱好、学习能力、口才,与相貌、身高关系不大。

(7)调查问卷中:21. 根据你的工作经验,感觉在校学习期间最需要加强哪些方面的学习?

A. 专业知识　　B. 经济类知识　　C. 管理类知识

D. 礼仪礼貌知识　　E. 人际交往知识　　F. 其他

在校学习期间需要加强的知识调查统计结果如图 3-4 所示。从图 3-4 中可以看出,需重点加强人际交往知识、专业知识、管理类知识的培养。

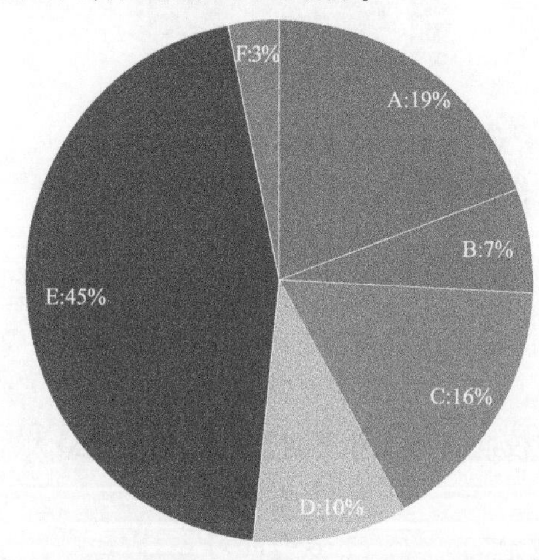

图 3-4　在校学习期间最需要加强的知识调查统计结果

2)社会用人单位

为了了解用人单位对本专业应届毕业生的需求情况,以及本专业的就业方向和专业前景,2020 年 7 月,通过网络调查问卷的形式针对山东省内的用人单位进行了调研。调研的主题主要涉及人才类型、课程模块、能力要求等方面,主要设计的调研问题如下。

(1)请从贵单位对人才需求的角度,按照需要的人才类型排序(按照最需要—需要依次类推)。

①汽车运用技术人才
②道路运输规划运营型人才
③运输信息技术人才
④道路运输安全技术人才
⑤汽车运用技术与道路运输运营复合型人才
⑥管理、经济与道路运输运营复合型人才
⑦运输信息技术与道路运输运营复合型人才
⑧道路运输安全技术与道路运输运营复合型人才

(2)大体看来,交通运输专业涉及的课程模块有以下几个方面,从贵单位对人才知识能力的需求来看,该专业最应该加强的课程模块依次是(按照最应该加强—需要加强依次类推)。

①机电学科基础
②工程系统(包括运筹优化、系统工程学)
③管理与经济学
④数据库、信息系统等计算机信息方面
⑤运输安全技术
⑥汽车、发动机原理结构
⑦汽车运用、汽车测试、故障检测诊断类
⑧运输规划、组织与运营管理类
⑨物流
⑩市场开发与营销

(3)您认为下列专业课程对交通运输专业的重要程度如何(表3-1)?请在您认为的重要程度栏中打"√"。

交通运输专业核心理论课程调研表(调研用) 表3-1

课程名称	非常重要	比较重要	一般	不重要	不需要
汽车构造					
汽车电气设备					
交通运输安全					
运输商务管理					
运输组织学					
汽车理论					
汽车运用与检修					
运输系统规划与设计					
运输枢纽与场站设计					
公共交通运营与管理					

(4)您认为下列实践课程对交通运输专业的重要程度如何(表3-2)？请在您认为的重要程度栏中打"√"。

交通运输专业核心实践课程调研表(调研用)　　表3-2

课程名称	非常重要	比较重要	一般	不重要	不需要
运输组织学课程设计					
运输系统规划与设计课程设计					
机械设计基础课程设计					
运输枢纽与场站设计课程设计					
专业综合技能训练(软件操作与应用)					
创新创业实践					
毕业实习					
毕业设计(论文)					

(5)从贵单位交通运输专业毕业生的工作效果来看,您认为交通运输专业需要着重加强学生哪些方面的能力？

①机电等工程应用

②车辆运用专业知识

③组织管理能力

④计算机、信息技术能力

⑤外语能力

⑥实践、动手能力

(6) 您认为,下列素质在贵单位工作中的重要程度如何(表3-3)？请在您认为的重要程度栏中打"√"。

交通运输专业学生需具备素质调研表(调研用)　　表3-3

素质	非常重要	比较重要	一般	不重要	不需要
职业道德素质					
身体素质					
团队协作					
创新精神					
沟通与协调能力					
心理承受与适应能力					

调研结果表明,各用人单位对人才类型需求和核心课程设置意见差异较大。即使是同一性质的单位,也因发展状况、单位组织结构、实际用人需求的侧重点等不同而有不同的意见。

3)专业专任教师

在交通运输教研室多次召开专业专任教师研讨会,就专业建设、课程设置等进行研讨。通过研讨,形成以下需要改进意见:

(1)优化课程设置及专业课程教学内容的衔接。

(2)加强提高基础课教学质量,基础课教师也应了解专业;专业课教师与基础课教师,共同改进教学内容。

(3)协调理论和实践课课程的安排。

(4)使金工、制图教学内容与专业需求相适应。

(5)提高毕业设计质量。

4)在校生

分别召开高、低年级交通运输专业在校学生座谈会,征求他们对交通运输专业教学与管理方面的意见。

(1)低年级学生(大一、大二)意见。

意见主要有:涉及专业课的实验教学应加强;教学应加强师生互动;制图课应增加上机学时;英语缺少课外听力练习;偏理论的课程不宜只采用多媒体讲授的方式,宜以黑板为主,多媒体辅助;机房上机提供一定的免费时间以加强学生对软件使用的学习;对选修课内容不了解,建议选课前对课程进行简要介绍。

(2)高年级学生(大三、大四)意见。

意见主要有:建议多增加一些新能源汽车(如混合动力汽车、电动汽车等)技术方面的课程;学校优质实验资源学生利用机会少,如汽车检测线、汽车实验室实验设备等;加强对学生就业、考研等方面的指导。

5)高等学校

2019—2020 年间,学校交通运输教研室多次赴北京交通大学、吉林大学、长安大学等学校就专业建设相关问题进行调研。在调研过程中,行业专家给出的建议如下:

(1)专业毕业要求首先要对标,即本专业设置的毕业要求一定要涵盖国家认证标准中所提出的 12 条毕业要求。

(2)在对标的基础上,设置支撑达成目标的课程体系,对交通运输专业的课程体系应抓住四点,即客运、货运、场站枢纽和规划调度,可以通过课程简介的形式解释清楚有哪些课程支撑上述四点。

(3)对专业课的设置,建议一定要围绕着“客运、货运、场站枢纽和规划调度”搭建好平台课程,将技术性强的课程设置为必修课,而将一些技术性要求偏弱、学生自学就很容易掌握的课程设置为选修课。

通过本次调研,也发现了学校在前期交通运输专业改革中存在的一些问题:

(1)国家认证标准做了修订,专业毕业要求也应随之修订,使本专业的毕业要求符合工程教育认证标准的要求。

(2)在前期的专业改革中,将学校交通运输专业的毕业要求分解成了若干可考核指标点。但毕业要求可考核指标点的分解是重点和难点,需进一步修改。

6)教育专家

通过参加学科专业建设发展规划研修班、工程教育专业认证培训等,对人才培养模式、学科专业建设、产业升级与创新人才培养等进行系统学习。专业建设水平和绩效决定着高校的人才培养质量和特色。实施专业综合改革,充分发挥学校的积极性、主动性、创造性,结合办学定位、学科特色和服务面向等，明确专业培养目标和建设重点，优化人才培养方案。按照准确定位、注重内涵、突出优势、强化特色的原则，通过设计建设方案，推进培养模式、教学团队、课程教材、教学方式、教学管理等专业发展重要环节的综合改革，促进人才培养水平的整体提升，形成优势特色专业。

通过上述对与山东交通学院交通运输专业密切相关的汽车企业、交通运输企业等用人单位、毕业生和在校生、行业专家等对象的广泛充分调研和分析，全面了解了交通运输行业发展规划、企业现状、本专业就业岗位、对学生专业能力的需求和对学生成长的需求等方面的内容。

3.3 交通运输专业应用型人才培养规格

3.3.1 专业人才培养定位

专业人才培养定位与培养目标的确定，解决的是人才培养模式中“培养什么样的人”的问题。专业人才培养定位，即本专业要培养什么样的人才，是每一个专业首先应解决的问题。

专业人才培养定位，首先取决于学校内部的需求，包括教育教学规律、学校的办学思想和办学定位、教学主体的需要等；其次，应用型本科专业的目标定位必须适应社会的需求。分析职业岗位对人才素质和能力的要求，是确定专业人才培养定位的基础。因此，为了使人才供给与社会需求在人才培养规格上实现协调对接，专业人才培养定位还必须符合学校外部人才市场的需求，服务于经济社会的发展。在上述广泛深入调研的基础上，获得行业发展动态及社会发展需求。

确定专业人才培养定位还需要准确把握学校定位，考虑学校办学层次和培养目标。山东交通学院以培养交通运输行业一线有成长力的工程师和管理者为目标，很好地反映了学校层次和办学理念。同时，对国内其他高校的相似专业进行调研，全面分析学校与其他高校所开设专业的差异，进而凝练自身优势，突出专业特色。

高等教育不只是满足学生就业的问题，还要关注学生自我成长的需求。因此，在确定专业人才培养定位时，还应将行业的需求与学生自我成长的渴望结合起来。

以社会需求为导向，主动适应经济社会发展对人才培养的要求，根据行业、产业对人才的需求，同时结合学校定位、学生自我成长需求和专业本身的特点，确定专业人才培养定位。综合考虑学校定位、社会需求、专业现状等因素，将山东交通学院交通运输专业定位为：交通运输专业是为满足交通运输规划、运营与安全保障、汽车运用工程等交通运输领域人才需求而设置的本科专业。该专业从 2002 年开始招收本科生，其前身为学校 1956 年开设的汽车运用技术专业，专业立足当今交通运输发展前沿，以“培养应用型高素质人才、有效服务地方经济”为宗旨，历经 60 余年的重点建设，逐步形成了“掌握综合运输体系，面向道路运输系统，培养掌握车辆运用与保障技术、运输系统规划、客货运输组织与运营技术管理人才”的专业特色。

3.3.2 专业培养目标

培养目标是人才培养的出发点和归宿,是构建人才培养体系和开展教学活动的基本依据。工程教育认证标准中将培养目标定义为:该专业毕业生在毕业后5年左右能够达到的职业和专业成就的总体描述,即高校对应用型人才5年后具备的知识、能力、素质的整体规划,统筹推进。

1)专业培养目标制订的组织实施

培养目标制订的具体组织实施过程如下:成立学院专业建设指导委员会和交通运输专业建设指导委员会,全面负责并组织开展培养目标制订工作,通过对毕业校友、用人单位、企业/同行专家、在校生、国内同类院校的调研,经过专业教师充分研讨论证,最后由学院、学校审核通过后实施。

(1)学院专业建设指导委员会。学院成立以院长为责任人,由教学副院长、专业负责人、责任教授和骨干教师组成的专业建设指导委员会,对培养目标制订工作进行研讨、审核,并提出修改意见,保证培养目标制订质量。

(2)专业成立由专业负责人、骨干教师和企业/同行专家等组成的工作小组,全面组织和负责培养目标制订工作。

(3)毕业校友评价机制。以问卷调查(邮件、电话)、座谈会、企业走访等形式听取毕业校友的反馈意见。建立开展毕业后5年左右毕业生培养目标合理性评估机制,评估内容除学生的就业单位、工作领域和专业方向、承担的工作及性质、岗位的动态变化等事项外,还应包括体现培养目标的各项能力等。

(4)企业/同行专家评价机制。学院组织、聘请企业/高校同行知名专家,通过会议、问卷调查等形式,对培养目标、教学计划等进行咨询和决策。企业/同行专家参与评价机制的形式包括问卷调查(邮件、电话)、座谈会、调研走访等。

(5)专业教师研讨、修订机制。由专业工作小组组织专业教师通过定期组织教研活动等方式,进行培养目标和培养方案的评价与修订。

(6)应届毕业生定期评价机制。每年以问卷调查的形式获得应届毕业生满意度调查,内容包括培养目标认同度、培养目标合理性等多项指标。专业每年组织一次应届毕业生专业座谈交流会,认真听取学生对专业培养目标、课程体系等方面的意见与建议。

2)专业培养目标的制订

制订专业培养目标时应依据以下三个方面:一是学校本科教学的定位,二是专业人才培养定位,三是经济社会发展对本专业人才的需求。

将交通运输专业的培养目标设定为:培养适应经济与社会发展需要,德、智、体、美、劳全面发展的,具备坚实的数学、外语、计算机基础,必要的经济管理知识基础及机电、系统工程等工程技术基础,掌握车辆运用与保障技术、运输系统规划与设计、客货运输组织与运营管理等的基本理论、知识与技能,具备良好的分析、表达和解决交通运输复杂工程问题的能力,有较强的自学能力、团队意识和创新精神,能在交通运输领域从事车辆技术使用与管理、运输规划与设计、运输组织与管理、运输安全管理等方面工作的,具有一定国际视野、有成长力的工程师和管理者。

山东交通学院交通运输专业期待毕业生毕业5年左右能够达到以下培养目标：

培养目标1：在工作中具备良好的人文和社会科学修养、高尚的职业道德，有服务社会的能力和精神。

培养目标2：能够胜任交通运输规划与设计、经营组织、车辆技术使用与管理等工作，具有解决交通运输领域复杂问题的能力，能胜任生产一线技术的工程师和管理者。

培养目标3：能够在交通运输规划与设计、经营组织、车辆技术使用与管理等环节中考虑和评价对社会、健康、安全、环境等方面的影响。

培养目标4：具有国际化视野和跨文化交流与合作能力，能够在团队工作和交流中发挥骨干或领导作用。

培养目标5：具有创新意识，能通过多种渠道完善自我知识体系，提高专业能力。

交通运输专业紧随山东交通学院办学理念与专业要求，与学校其他专业相互支撑、相互促进、共同发展。交通运输专业是国家级特色专业、山东省特色专业及卓越工程师培养计划专业，在学校建设山东省应用型人才培养特色名校过程中占有重要的地位，符合学校“培养交通事业成长有力、有国际视野的高级应用型专门人才”办学定位的要求。

培养目标中明确提出，毕业生应为具备较宽厚的基础理论、扎实的车辆运用与保障技术、运输系统规划与设计、客货运输组织与运营管理等方面专业知识和较强的专业技术能力、工程创新能力，富有社会责任感和团队合作精神，能够终身学习、适应发展并从事车辆技术使用与管理、运输规划与设计、运输组织与管理应用型人才。本专业制定的培养目标与专业人才定位相一致。

为了使本专业培养的学生很好地适应社会发展、经济市场的需要，同时具有较好的社会竞争能力和发展潜力，本专业通过对用人单位下发调查问卷和走访校友等方式进行调查、统计与分析，确定当前的科学技术进步和经济社会发展对本专业人才培养提出的指标要求，修订专业培养目标。

3.3.3 专业毕业要求

专业毕业要求是对学生毕业时应该掌握的知识和能力的具体描述，表明学生完成本专业学业时应该取得的学习成果，包括学生通过本专业学习所掌握的知识、技能和素养。

专业培养目标规定了培养的人才5年后怎样，更加关注的是学生“能做什么”，专业毕业要求更加关注的则是学生“能有什么”。能做什么主要取决于能有什么，因此，专业毕业要求是专业培养目标的前提，专业培养目标是专业毕业要求的结果。专业毕业要求必须在人才培养方案上清晰、具体地表述，要全面反映人才培养目标和标准。

1）专业毕业要求的制订

专业制订的毕业要求应完全覆盖工程教育认证标准中通用标准规定的12项毕业要求，同时，基于成果导向教育理念反向设计原则要求毕业要求应能支撑培养目标的达成，即培养目标决定毕业要求。由专业培养目标和工程教育认证标准确定的交通运输专业的毕业要求，见表3-4。

交通运输专业毕业要求 表3-4

专业毕业要求	具体含义
专业毕业要求1:工程知识	能够运用数学、自然科学、工程基础和专业知识,将交通运输领域的复杂工程问题用数学模型加以描述并对其进行正确分析,综合解决复杂工程问题
专业毕业要求2:问题分析	能够应用数学、自然科学和工程科学的基本原理对交通运输领域的复杂工程问题进行识别,并运用图纸、图表和文字等准确表述;能结合文献研究分析及解决交通运输领域复杂工程问题,以获得有效结论
专业毕业要求3:设计/开发解决方案	能够针对复杂交通运输工程问题的解决方案,设计满足道路交通运输等特定需求的交通运输网络、枢纽与场站、运营组织和作业流程、车辆技术使用与管理方案,在设计环节中体现创新意识,考虑社会、健康、安全、法律、文化及环境等因素
专业毕业要求4:研究	能够基于科学原理并采用科学方法对复杂交通运输工程问题进行研究,包括设计、实验、分析与解释数据,并通过信息综合得到合理有效的结论
专业毕业要求5:使用现代工具	能够针对复杂交通运输工程问题,开发、选择与使用恰当的技术、资源、现代工程工具和信息技术工具,包括对复杂交通运输工程问题的预测与模拟,并能够理解其局限性
专业毕业要求6:工程与社会	能够基于工程相关背景知识进行合理分析,评价交通运输工程专业工程实践和复杂交通运输工程问题解决方案对社会、健康、安全、法律及文化的影响,并理解应承担的责任
专业毕业要求7:环境和可持续发展	能够理解和评价针对道路交通运输等领域复杂交通运输工程问题的工程实践对环境、社会可持续发展的影响
专业毕业要求8:职业规范	具有良好的人文和社会科学素养、较强的社会责任感,能够在交通运输工程实践中理解并遵守工程职业道德和行为规范,具有法律意识,履行社会责任
专业毕业要求9:个人和团队	能够在多学科背景下的团队中承担个体、团队成员及负责人的角色
专业毕业要求10:沟通	能够就复杂交通运输工程问题与业界同行及社会公众进行有效沟通和交流,包括撰写报告和设计文稿、陈述发言、清晰表达或回应指令,并具备一定的国际视野,能够在跨文化背景下进行交流和合作
专业毕业要求11:项目管理	理解并掌握工程项目管理原理与经济决策方法,并能在交通运输工程领域的多学科交融的环境中应用
专业毕业要求12:终身学习	具有自主学习和终身学习的意识,有不断学习和适应发展的能力

表3-5所示为交通运输专业毕业要求和培养目标的对应矩阵,该矩阵图表明的支撑关系可以说明交通运输专业的毕业要求完全能够支撑专业培养目标,交通运输专业毕业生达

到毕业要求即可实现专业的培养目标。

交通运输专业毕业要求对培养目标的支撑关系矩阵图　　表3-5

专业毕业要求	培养目标				
	培养目标1	培养目标2	培养目标3	培养目标4	培养目标5
专业毕业要求1:工程知识		√			
专业毕业要求2:问题分析		√			
专业毕业要求3:设计/开发解决方案		√			
专业毕业要求4:研究		√			
专业毕业要求5:使用现代工具		√			
专业毕业要求6:工程与社会			√		
专业毕业要求7:环境和可持续发展			√		
专业毕业要求8:职业规范	√				
专业毕业要求9:个人和团队				√	
专业毕业要求10:沟通				√	
专业毕业要求11:项目管理				√	
专业毕业要求12:终身学习					√

注:√表示有对应覆盖关系

下面对专业毕业要求与培养目标间的支撑关系进行具体分析。

培养目标1由专业毕业要求8支撑,支撑关系分析见表3-6。

专业毕业要求对培养目标1的支撑关系分析　　表3-6

培养目标1	专业毕业要求对培养目标的支撑关系分析
在工作中具备良好的人文和社会科学修养、高尚的职业道德,有服务社会的能力和精神	专业毕业要求8要求学生具有一定的人文和社会科学素养、社会责任感和职业道德,支撑了培养目标1中良好的人文和社会科学修养、高尚的职业道德,有服务社会的能力和精神等非技术能力要素的培养。因此,专业毕业要求8对培养目标1进行了支撑

培养目标2由专业毕业要求1、专业毕业要求2、专业毕业要求3、专业毕业要求4和专业毕业要求5共同支撑,支撑关系分析见表3-7。

专业毕业要求对培养目标2的支撑关系分析　　表3-7

培养目标2	专业毕业要求对培养目标的支撑关系分析
能够胜任交通运输规划与设计、经营组织、车辆技术使用与管理等工作,具有解决交通运输领域复杂问题的能力,能胜任生产一线技术的工程师和管理者	专业毕业要求1为实现培养目标2培养了学生在解决相关工程问题方面的知识与能力,从而表明毕业要求1能够支撑培养目标1的达成。

续上表

培养目标 2	专业毕业要求对培养目标的支撑关系分析
能够胜任交通运输规划与设计、经营组织、车辆技术使用与管理等工作，具有解决交通运输领域复杂问题的能力，能胜任生产一线技术的工程师和管理者	专业毕业要求 2 则进一步要求学生在解决复杂交通运输领域工程问题时，能够应用数学、自然科学和工程科学的基本原理，识别和表达交通运输领域的复杂工程问题，该要求很好地支撑了培养目标 2 中具有解决交通运输领域复杂问题的技术能力。 专业毕业要求 3 主要培养学生设计交通运输领域复杂工程问题的解决方案，设计满足道路交通运输等特定需求的交通运输网络、枢纽与场站、运营组织和作业流程、车辆技术使用与管理方案等方面的技术能力，有力地支撑了培养目标 2 中具有解决交通运输领域复杂问题的技术能力。 专业毕业要求 4 主要培养学生基于科学原理对复杂交通运输工程问题进行研究的技术能力，有力地支撑了培养目标 2 中具有解决交通运输领域复杂问题的技术能力。 专业毕业要求 5 主要培养学生针对复杂交通运输工程问题，开发、选择与使用现代工具的技术能力，有力地支撑了培养目标 2 中能够胜任交通运输规划与设计、经营组织、车辆技术使用与管理等工作所需要的相关技术能力。 因此，专业毕业要求 1 ~ 专业毕业要求 5 分别从不同角度对培养目标 2 进行了全方位支撑

培养目标 3 由专业毕业要求 6、专业毕业要求 7 共同支撑，支撑关系分析见表 3-8。

专业毕业要求对培养目标 3 的支撑关系分析 表 3-8

培养目标 3	专业毕业要求对培养目标的支撑关系分析
能够在交通运输规划与设计、经营组织、车辆技术使用与管理等环节中考虑和评价对社会、健康、安全、环境等方面的影响	专业毕业要求 6 要求学生在分析和评价复杂交通运输工程问题解决方案时，能够具有关注社会、健康、安全、法律及文化影响的强烈意识和责任担当，支撑了培养目标 3 中对社会、健康、安全、环境等方面的影响意识的培养。 专业毕业要求 7 进一步要求学生在解决复杂交通运输工程问题的工程实践中，能够充分理解和考虑其对环境、社会可持续发展的影响，很好地支撑了培养目标 3 中对环境资源和经济可持续发展意识的培养。 因此，专业毕业要求 6、专业毕业要求 7 分别从不同角度对培养目标 2 进行了全方位支撑

培养目标 4 由专业毕业要求 9 ~ 专业毕业要求 11 共同支撑，支撑关系分析见表 3-9。

专业毕业要求对培养目标 4 的支撑关系分析 表 3-9

培养目标 4	专业毕业要求对培养目标的支撑关系分析
具有国际化视野和跨文化交流与合作能力，能够在团队工作和交流中发挥骨干或领导作用	专业毕业要求 9 培养学生在多学科背景下的团队中承担个体、团队成员及负责人等多个角色的能力，该要求能够为培养目标 4 中能够在团队工作和交流中发挥骨干或领导作用的培养提供支撑。 专业毕业要求 10 有针对性地培养学生就交通运输复杂工程问题与业界同行及社会公众进行有效沟通和交流的能力，该要求很好地支撑了培养目标 4 中具有国际化视野和跨文化交流与合作能力的培养。 专业毕业要求 11 培养学生工程项目管理与经济决策等方面的能力。专业毕业要求 10 和专业毕业要求 11 都能够支撑培养目标 4 中领导能力的培养。 因此，专业毕业要求 9 ~ 专业毕业要求 11 共同为培养目标 4 的达成提供全面支撑

培养目标5由专业毕业要求12支撑,支撑关系分析见表3-10。

专业毕业要求对培养目标5的支撑关系分析 表3-10

培养目标5	专业毕业要求对培养目标的支撑关系分析
具有创新意识,能够通过多种渠道完善自我知识体系,提高专业能力	专业毕业要求12培养学生自主学习和终身学习的意识,以及不断学习和适应发展的能力,这个要求非常有针对性地支撑了培养目标5的实现

综上所述,本专业12条毕业要求,从多层面、多角度为各培养目标提供有力支撑,完全可保障本专业培养目标的实现。

2)专业毕业要求指标点的分解

为便于毕业要求达成的举证,实现毕业要求可衡量、可评价的目的,还要将每一条毕业要求分解为若干个指标点,每个指标点要有相应的课程支撑。毕业要求指标点是对毕业要求的细化,反映了毕业要求的主题内容、特征表述、实施准则及掌握的水平程度,是结合相关利益者的相关要求和相关行业职业标准,从知识、能力、素质等方面对人才培养目标的进一步分解,明确了学生通过课程的学习后取得的具体的学习成果。因此,毕业要求指标点的作用主要有:一是对毕业要求的特征进行具体、详细、可操作、可测量的表述;二是通过某种教学分类法,将学习结果量化成学生要达到的水平及应具备的程度;三是形成实施准则,在课程规划设计、教学环节实践及评估系统中应用。毕业要求指标点是课程体系建立的依据,通过课程对毕业要求的支撑关系明确了各课程在毕业要求达成中承担的责任;各课程教学内容的设计与实施也应围绕毕业要求指标点的达成进行。

毕业要求指标点的分解属于顶层设计,一定要可衡量、可评价。目前,关于毕业要求指标点分解的成果比较少,处于一个探索阶段。中国石油大学的张立强从复杂工程问题的内涵出发,通过对复杂工程问题与专业毕业要求之间的关系分析,确定了毕业要求指标点分解的三个原则:科学性、实用性和专业性。

毕业要求指标点分解的主要目的有两个,一是便于落实到具体的教学环节,二是便于达成评价。围绕这两个目的以及复杂工程问题与专业毕业要求之间的关系,专业负责人及教师等根据专业特点,经多次研讨,对专业毕业要求进行适当分解,形成若干指标点。指标点分解的方式和数量没有统一要求,但按照易落实、可评价的原则一般应满足以下要求:一是指标点应有逻辑性,能符合学生能力形成的规律,而不是简单对指标项文字表述的拆分;二是指标点应采用适当的动词引导,将指标点反映的能力要求转变为可观察、可测量的学生行为表现;三是指标点要体现复杂工程问题的专业属性,要与专业培养解决复杂工程问题的能力相呼应,以便将复杂工程问题渗透到工程教育的课程、实践与考核中;四是要体现本专业的特点,包括专业领域特征和本专业人才培养的优势和特色。

为了支撑交通运输专业培养目标的达成,由授课教师、专业负责人、学院教学指导委员会、企业专家共同参与,多次研讨,对专业毕业要求指标点进行分解。在各个研讨会与评审会广泛讨论的基础上,为使专业毕业要求体现出专业特点,能够并易于落实到具体的教学环节,且便于达成评价,根据对专业毕业要求的内涵分析,将12项专业毕业要求分为技术类和非技术类两大类,基于由浅入深的教学活动规律,对交通运输专业各技术类及非技术类毕业要求按照能力形成的逻辑进行纵向层次递进式分解,并按照能力要素的并行关系进行分解,力求既能实现对通用标准毕业要求的"全覆盖",又能实现对专业毕业要求所提出知识和能力要素的"可衡量"。按上述原则,将交通运输专业12条毕业要求分解成31个指标点(表3-11)。

交通运输专业毕业要求分解与内涵分析 表3-11

专业毕业要求	分解指标点
专业毕业要求1 工程知识:能够运用数学、自然科学、工程基础和专业知识,将交通运输领域的复杂工程问题用数学模型加以描述并对其进行正确分析,综合解决复杂工程问题	1-1:掌握数学与自然科学的知识,并能将其用于交通运输领域复杂工程问题的建模和求解
	1-2:掌握交通运输领域基本理论和基本知识,并能将其用于分析工程问题中的交通运输规划、运营与安全保障、车辆技术使用与管理等问题
	1-3:能够运用工程原理和专业知识对交通运输规划、运营与安全保障、车辆技术使用与管理等复杂工程问题的解决方案进行分析,并尝试改进
	1-4:掌握交通运输领域专业知识,能选择恰当的数学模型,用于描述交通运输规划、运营与安全保障、车辆技术使用与管理等复杂系统或者过程,并能对模型进行推理和求解
专业毕业要求2 问题分析:能够应用数学、自然科学和工程科学的基本原理对交通运输领域的复杂工程问题进行识别,并运用图纸、图表和文字等准确表述;能结合文献研究分析及解决交通运输领域复杂工程问题,以获得有效结论	2-1:能够应用数学、自然科学的基本原理,识别和判断交通运输复杂工程问题的关键环节
	2-2:能够应用工程科学的基本原理或数学建模方法,识别和表达交通运输领域的复杂工程问题
	2-3:能够应用工程科学的基本原理或数学建模方法,对交通运输领域的复杂工程问题进行建模、计算、分析,以获得有效结论
	2-4:能够应用相关的专业知识,采用文献查阅、试验/实验、数学建模等方法,分析交通运输领域的复杂工程问题及其解决方案,以获得有效结论
专业毕业要求3 设计/开发解决方案:能够针对复杂交通运输工程问题的解决方案,设计满足道路交通运输等特定需求的交通运输网络、枢纽与场站、运营组织和作业流程、车辆技术使用与管理方案,在设计环节中体现创新意识,考虑社会、健康、安全、法律、文化及环境等因素	3-1:掌握交通运输网络规划、运输组织流程设计、车辆技术使用与管理的基本方法和技术,能够针对复杂交通运输工程问题制定设计目标和解决方案,了解影响设计目标和技术方案的各种因素
	3-2:能够根据道路交通运输等领域特定的需求,完成满足交通运输网络、货物(旅客)运输组织、运输场站与枢纽及车辆技术使用与管理的解决方案
	3-3:在交通运输网络规划、运营组织优化设计或车辆技术使用与管理流程规划中体现创新意识,并能考虑社会、健康、安全、法律、文化及环境等因素的约束
	3-4:能够用图纸、表格、报告、论文或实物等形式,呈现复杂交通运输系统的设计结果和解决方案

续上表

专业毕业要求	分解指标点
专业毕业要求4研究:能够基于科学原理并采用科学方法对复杂交通运输工程问题进行研究,包括设计、实验、分析与解释数据,并通过信息综合得到合理有效的结论	4-1:能够综合运用交通运输相关基础与专业理论,对交通运输领域复杂工程问题进行研究,确定研究方案
	4-2:能够综合运用交通运输相关基础与专业理论,熟练使用各类实验设备和工具,采用科学方法进行相关实验方案设计,组织实施实验
	4-3:能够综合运用交通运输相关基础与专业理论,选择合适的方法收集、分析处理与解释数据,通过信息综合得到合理有效的结论
专业毕业要求5使用现代工具:能够针对复杂交通运输工程问题,开发、选择与使用恰当的技术、资源、现代工程工具和信息技术工具,包括对复杂交通运输工程问题的预测与模拟,并能够理解其局限性	5-1:理解交通运输工程活动中获取相关信息的必要性与基本方法,能够运用相关资源进行文献检索和资料查询
	5-2:掌握开发、选择、使用恰当的技术和资源,运用现代工程工具和信息技术工具获取交通运输专业领域信息知识解决复杂工程问题的方法,并理解其局限性
专业毕业要求6工程与社会:能够基于工程相关背景知识进行合理分析,评价交通运输工程专业工程实践和复杂交通运输工程问题解决方案对社会、健康、安全、法律及文化的影响,并理解应承担的责任	6-1:了解与交通运输相关的技术标准、知识产权、产业政策和法律法规等
	6-2:能正确认识和评价道路交通运输等领域交通运输工程新产品、新技术、新工艺、新材料的开发和应用对社会、健康、安全、法律及文化的影响,并理解应承担的责任
专业毕业要求7环境和可持续发展:能够理解和评价针对道路交通运输等领域复杂交通运输工程问题的工程实践对环境、社会可持续发展的影响	7-1:能够了解国家、地方关于环境和社会可持续发展的理论和政策
	7-2:能正确理解和评价道路交通运输等领域复杂交通运输工程问题的工程实践对环境和社会可持续发展的影响
专业毕业要求8职业规范:具有良好的人文和社会科学素养、较强的社会责任感,能够在交通运输工程实践中理解并遵守工程职业道德和行为规范,具有法律意识,履行社会责任	8-1:掌握人文和社会科学知识,具有良好的人文和社会科学素养,具有科学的世界观、人生观和价值观
	8-2:熟悉职业法律法规及标准知识,恪守职业道德规范和所属职业体系的职业行为准则,在交通运输领域的工程实践中履行责任
专业毕业要求9个人和团队:能够在多学科背景下的团队中承担个体、团队成员及负责人的角色	9-1:能够理解团队中每个角色的含义及团队协作对于整个团队的意义,具有团队协作精神和全局观念
	9-2:能够在多学科背景的工程实践中转换角色,综合团队成员的意见,并进行合理的决策,团结协作,并承担相应责任
专业毕业要求10沟通:能够就复杂交通运输工程问题与业界同行及社会公众进行有效沟通和交流,包括撰写报告和设计文稿、陈述发言、清晰表达或回应指令,并具备一定的国际视野,能够在跨文化背景下进行交流和合作	10-1:能够就复杂交通运输工程问题与业界同行及社会公众进行有效的沟通和交流,包括撰写报告和设计文稿、陈述发言、清晰表达或回应指令
	10-2:了解交通运输领域的国际发展趋势、研究热点,具有国际视野,能够理解和尊重不同的文化传统和价值观念,能够运用外语进行有效的跨文化沟通和交流

续上表

专业毕业要求	分解指标点
专业毕业要求 11 项目管理：理解并掌握工程项目管理原理与经济决策方法，并能在交通运输工程领域的多学科交融的环境中应用	11-1：能够理解并掌握工程项目管理基本原理和市场经济基本知识
	11-2：能够将工程项目管理原理和经济决策方法在多学科环境中应用
专业毕业要求 12 终身学习：具有自主学习和终身学习的意识，有不断学习和适应发展的能力	12-1：能够正确认识持续学习的重要性，具有较强的自主学习和终身学习意识
	12-2：具有强健的体魄，能够不断学习、持续提升个人综合素质和专业技能，具有适应社会和交通运输行业发展的能力

3.4 交通运输专业人才培养体系构建

人才培养体系是为了实现专业的预期人才培养目标而设置的一系列的课程和第二课堂活动等，优秀的课程和学生活动及其组合是办好一个专业的先决条件。

所有的课程与教育教学活动应以培养目标为导向，以服务于毕业要求的达成为出发点与落脚点。专业建设应该围绕培养目标和毕业要求，运用“系统理论”的思想，确定一组存在着关联关系的课程和第二课堂活动组合，这种关联反映了它们之间相互作用、相互依存和相互制约的关系，以及在培养人才的知识、能力和素质等方面的内在联系。

基于成果导向教育理念的人才培养体系设置强调“从成果出发，正向设计，反向实施”，人才培养体系中的每个教学环节的设置都是为了让学生获得具体的学习成果。

基于成果导向教育理念的人才培养体系构建要遵循以下基本原则：

(1)地方本科高校培养的主要是知识应用型人才，强调其既具有宽厚的知识基础、应用性专业知识和技能，又具有转化和应用理论知识的实践能力以及一定的创新能力。为了达到上述目的，应用型人才培养体系的构建就要在调研、分析行业发展所需人才的基础上，构建成果导向的人才培养体系。

(2)明确人才培养体系中的结构支撑。人才培养体系要支持培养目标、专业毕业要求和毕业要求指标点的达成，要能实现学生知识、能力和素质的一体化发展。人才培养体系中的课程教学主要实现知识的学习及部分能力、素质的培养；项目设计及实验、实习环节和课外活动等环节主要实现知识的应用以及大部分能力、素质的培养。

(3)学习目标要具有可追溯性。以达到专业毕业要求指标点所规定的学生学习成果为目标，保证毕业要求指标点所规定的学习成果得到明确的落实。

(4)培养体系具有适应性。以学生为中心，以适应学生成长路径为主线，保证培养效果的切实实现。

(5)培养过程具有科学性。以明确的教学理念为指导，保证学生的知识与能力的一体化发展。

交通运输专业应用型人才培养体系构建的指导思想是：贯彻党和国家的教育方针，落实立德树人的根本任务，遵循高等教育规律，以区域经济社会发展和学生全面成长需求为导向，以能力培养为主线，构建通识教育与专业教育相融合，创新创业教育、思想政治教育、德育美育全融入的本科人才培养体系，培养交通事业有成长力、有国际视野的高级应用型专门人才。交通运输专业根据上述人才培养体系设置的基本原则和指导思想，基于成果导向教育理念，由学校、学院及专业三级教学管理机构共同设计和修订人才培养体系。具体构建时，根据毕业要求指标点选择相关教学活动（课程或第二课堂活动），一个教学活动可关联若干条毕业要求指标点；一条毕业要求指标点可在多个教学活动中实现。所有必修教学环节的目标集合应覆盖全部毕业要求。这样，教学活动构成毕业要求分布式实现的载体，每个教学活动均有其明确的作用与定位，并因此形成体系。系统构建的交通运输专业人才培养体系包括第一课堂（课程体系，本书中所述课程体系均是指第一课堂）、第二课堂（即课余活动体系）、学生自我成长三部分，如图 3-5 所示。

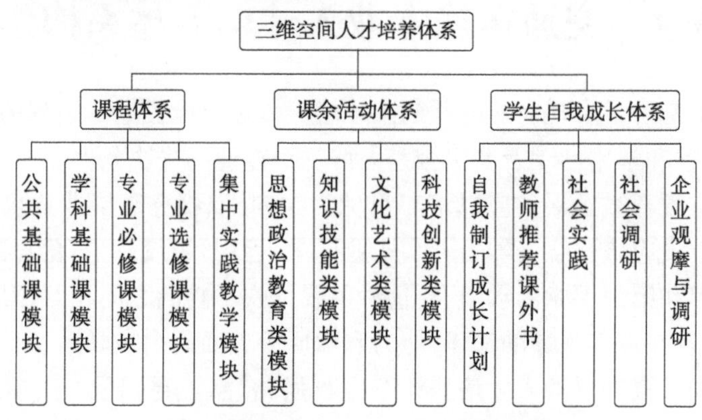

图 3-5　交通运输专业三维空间人才培养体系

其中，第一课堂（课程体系）以获取专业知识、培养专业能力为主，主要培养学生基础知识、专业能力和专业素质；第二课堂（课余活动体系）以培养团队意识、交往能力、科技创新、文体素质等为主，主要培养学生能力和素质；学生自我成长指的是学生在大学中的自我养成教育，主要以校园文化浸润、名人故事激励、优秀毕业校友效仿及教师积极引导等方式让学生个人积极行动起来，主动地获取相关知识、培养相关能力为主。

同时，树立创新创业教育理念，将创新创业教育融入三维空间人才培养体系，充分发挥课外活动或第二课堂的育人作用。设立创新创业教育类必修课和选修课，并在课程体系的专业课程和专业实践教学中融入创新创业，在第二课堂中鼓励学生参加双创大赛、在学校孵化基地中实施创业项目，在自我成长体系中注重创业典型案例的宣讲从而启发学生为创新创业准备相关知识与能力。通过构建全过程融入的创新创业教育课程体系，着力培养学生的创新创业精神和创新实践能力。

设置德育美育课程，培养学生对美的认识感受能力、表现和创造能力及正确的审美观等。

第一课堂（课程体系）、第二课堂（课余活动体系）、学生自我成长三个方面构成了立体的人才成长空间，互相联系，互相促进，有机统一，共同为培养学生的知识、能力和素质服务。

第4章

交通运输专业应用型人才培养体系构成分析

基于成果导向教育理念系统构建的交通运输专业三维空间人才培养体系包括第一课堂(课程体系)、第二课堂(课余活动体系)、学生自我成长三个方面。其中,第一课堂(课程体系)是交通运输专业育人活动的指导思想,是专业培养目标和毕业要求的具体化和依托,是办好专业的基础。通过构建课程体系,将特定的课程观、课程目标、课程内容、课程结构、课程教学方式、课程评价与考核方式等进行综合,反映人才培养的定位和目标,实现学生全面发展目标,保障和提高教育质量。

4.1 交通运输专业课程体系构建分析

4.1.1 课程体系设计

课程体系是指在一定的教育价值理念指导下,将课程的各个构成要素加以排列组合,使各个课程要素在动态过程中统一指向课程体系目标实现的系统。课程体系作为一个系统,对其研究主要解决三个相关问题:一是确定课程体系要实现的培养目标;二是为了实现培养目标应选择哪些课程及其内容,以及课程之间在内容和呈现方式上的互相配合和衔接;三是课程体系的实施与评价问题。

课程体系的设计涉及目标制订、课程及其内容选择、实施与评价,以及教育者与受教育者、人财物的资源配置与协调等学校教育的诸多方面,加之课程体系的复杂性、综合性和实施过程中的不确定性,决定了高质量的课程体系设计是一项复杂的系统工程,需要一位能从全局上来指挥、协调的"总工程师"。对于高校而言,成功领导课程体系设计的"总工程师"一般是院系的主要负责人。影响课程体系设计的因素主要有学科、社会和学生等。因此,成功的课程体系设计,不仅要发挥以教师为核心的学术系统作用,还要充分吸收实验、行政管理、学生及校友代表等具有多元成分和结构的人员参加,同时要特别重视吸纳用人单位或行业专家的代表参加。

成果导向教育作为一种目标导向的人才培养模式,需要从全局出发对课程体系进行统筹设计,一般常采用顶层设计方法:先从支撑专业的学科知识中,根据培养目标的需要筛选出构成整个课程体系的基本内容,然后再按照每门课程的目标和编排需要将这些内容分配到不同的课程中。这种方式将毕业要求指标点逐级分解和落实,以保证各层次及各门课程的学习目标、学习成果之间具有整体性，构建的课程之间关联度高，可以有效避免课程碎片化，有利于课程的优化组合与结构优化。

交通运输专业成立由学院教学指导委员会、专业负责人、授课教师和企业专家共同参与的课程设计团队，依照交通运输专业定位和培养目标、专业毕业要求及指标点设计课程体系。基于成果导向教育理念的课程体系设置，遵循的原则包括以下几点：

(1)毕业要求指标点和课程之间应建立起明确的对应关系，确保每一条毕业要求指标点的达成都能落到实处。对于每一条毕业要求指标点来说，都要有多门课程进行支撑，根据每门课程对各项毕业要求的支撑强弱程度，进行课程的优化合理设置，保证课程设置对学生毕业要求的全面支撑，既可以降低课程设置的盲目性和随意性，又可以缓解由于课程的不合理设置造成的课程资源重复、遗漏等问题。

(2)重视专业教育课程建设。专业必选课、专业(方向)限选课要根据产业发展和科技进步对人才专业知识、能力和素质的要求来进行凝练、设置，体现专业基本培养要求；要尽量按照教学质量国家标准、专业认证(评估)标准、行业准入标准等规范设立课程，体现专业素质的规范化，形成专业竞争优势；专业选修课要保证开出较多的课程门数，鼓励聘请具有丰富实务经验的企业和社会精英来校开设课程，鼓励跨学科、跨专业开设选修课程，提高学生自主选择空间，促进学生多样化、个性化成才。

(3)注重课程体系整合优化。根据学校统一规定的课程模块和原则性学分要求，合理确定各类模块的比例；整体优化课程体系，处理好各模块课程之间的知识衔接与递进关系，构建课程设置先后关系恰当、教学内容前后衔接、知识结构科学合理的课程体系。

具体而言，基于成果导向教育理念的课程体系设计从学习成果出发，让学生清楚知道自己要学什么、如何学，以及课程结束后真正具备的能力。在课程体系设计上，根据毕业要求指标点选择相关课程，一门课程可关联若干条毕业要求指标点；一条毕业要求指标点可在多门课程中实现，这样使课程体系与毕业要求指标点之间形成一种清晰的、立体化的支撑映射关系。同时，设置每门课程对于毕业要求指标点的支撑强度，用二维课程矩阵来表示(表4-1)。其中H代表教学环节对专业毕业要求高支撑，M代表教学环节对专业毕业要求中支撑，L代表教学环节对专业毕业要求低支撑。根据课程对指标点要求的支撑强度进行优化选择，保证了课程体系对所有指标点要求形成全面、系统、科学、有效的支撑。另外，通过二维课程矩阵，可以清晰地获得各课程对于毕业要求的支撑。

二维课程矩阵 表4-1

课程	专业毕业要求							
	专业毕业要求1				专业毕业要求2			
	指标点1-1	指标点1-2	指标点1-3	指标点1-4	指标点2-1	指标点2-2	指标点2-3	指标点2-4
课程1	H		M		L		H	
课程2			H		M	H	L	M
……								

4.1.2 课程体系构成分析

构建的交通运输专业课程体系共划分为公共基础课、学科基础课、专业必修课、专业选修课和集中实践教学环节五大模块，其总体构成分析见表4-2。

第一课堂总体构成分析 表4-2

序　　号	课 程 类 别	课 程 门 数	课程开设主要目的
模块一	公共基础课	17门	培养大学生基本素质和能力
模块二	学科基础课	8门	培养工科大学生的学科素质和能力
模块三	专业必修课	15门	培养大学生专业基础素质和能力，以及基于工作岗位需求培养学生能力
模块四	专业选修课	19门选8门	拓展学生素质和能力
模块五	集中实践教学环节	10门	专项和综合训练学生所学

1）公共基础课模块构成分析

公共基础课是人才培养体系的重要组成部分，该类课程虽然不一定同所学专业有直接联系，但它是培养德智体全面发展人才、为进一步学习提供方法论的不可缺少的课程。每所学校可能因学校性质、类别及办学理念不同而存在部分差异，但总体上可以分为三大模块：①社会科学公共基础课，如马克思主义基本原理概论；②自然科学公共基础课，如大学计算机基础；③实践环节公共基础课，如军事理论。交通运输专业的公共基础课模块构成见表4-3。

交通运输专业公共基础课模块构成分析 表4-3

模块	分　　类	课 程 门 数	主 要 课 程
公共基础课（17门）	世界观、人生观、价值观	4门	马克思主义基本原理概论、毛泽东思想和中国特色社会主义理论体系概论、中国近现代史纲要、思想道德修养与法律基础
	国家形式与安全	2门	形势与政策、军事理论
	身体素质	1门	体育
	外语能力	1门	大学英语
	计算机能力	2门	人工智能基础、计算机技术基础(C)
	基础科学理论	7门	高等数学、线性代数、概率论与数理统计、计算方法、大学物理、大学物理实验、工程化学

2）学科基础课模块构成分析

学科基础课是指研究社会基本发展规律，提供人类生存与发展基本知识的课程，一般多为传统学科中的课程，如数学、物理、化学、哲学、社会科学、历史、文学等。学科基础课同专业知识、技能直接联系，是专业课程的理论基础，是基础课程和实际应用之间的桥梁。交通运输专业的学科基础课模块构成见表4-4。

交通运输专业学科基础课模块构成分析 表4-4

模块	分　　类	课 程 门 数	主 要 课 程
学科基础课（8门）	机械	4门	画法几何与工程制图、理论力学、材料力学、机械设计基础
	电工与电子	1门	电工与电子技术
	运筹与经济	3门	运筹学、交通运输系统工程、运输技术经济学

3)专业必修课模块构成分析

专业必修课是指某一专业必须学习掌握的课程,此类课程凝练和体现了该专业基本理论知识和技能要求,突出了职业岗位与专业的内在联系,旨在岗位核心能力的培养,是课程体系的核心支撑,是培养专门人才的根本。交通运输专业的专业必修课模块构成见表4-5。

交通运输专业专业必修课模块构成分析　　表4-5

模块	分　类	课程门数	主要课程
专业必修课(15门)	导论	1门	交通运输专业导论
	结构	2门	汽车构造、汽车电气设备
	原理	1门	汽车理论
	运用	1门	汽车运用工程
	规划与设计	2门	运输系统规划与设计、运输枢纽与场站设计
	组织	1门	运输组织学
	运营与管理	2门	运输商务管理、公共交通运营与管理
	创新创业	3门	大学生职业生涯规划、就业指导、创业指导
	美育	2门	艺术导论、音乐鉴赏

4)专业选修课模块构成分析

选修课是指某一专业的学生根据自己的需要及受教育程度,有选择性地学习的课程,旨在拓宽学生职业能力范围,充实学生的岗位能力。交通运输专业的专业选修课模块构成见表4-6。

交通运输专业专业选修课模块构成分析　　表4-6

模块	分　类	课程门数	主要课程
专业选修课(19门选8门)	专业能力拓展课程	10门	新能源汽车、车联网技术、专用汽车、汽车节能与排放、汽车振动与噪声控制、城市轨道交通、物流学、特种货物运输、货运代理、智能运输系统
	岗位能力弥补课程	2门	汽车事故鉴定、汽车保险与理赔
	软件能力提升课程	2门	LabVIEW、MATLAB
	创新创业	3门	交通大数据分析与应用、运输系统建模与仿真、物联网技术与应用
	美育	2门	汽车造型设计、美学概论

5)集中实践教学模块构成分析

集中实践教学模块的主要目的是加深学生对理论知识的融会贯通,突出学的综合实践能力和综合素质的培养,促进学生学习成果的达成。交通运输专业的集中实践教学模块构成见表4-7。

交通运输专业集中实践教学模块构成分析 表4-7

模块	分　类	课程门数	主要课程
集中实践教学环节（10门）	军事能力培养	1门	入学教育及军训
	专项能力训练	5门	汽车构造拆装实习、机械设计基础课程设计、运输组织学课程设计、运输系统规划与设计课程设计、运输枢纽与场站设计课程设计
	综合能力训练	3门	专业综合技能训练、毕业实习、毕业设计
	创新创业能力训练	1门	创新创业教育实践

为了明确表示课程对毕业要求指标点的支撑程度，将表4-1所示的二维课程矩阵进一步细化，在列出支撑每条毕业要求指标点的课程后，对每门课程的支撑强度（支撑权重）赋值（支撑权重值之和为1），建立毕业要求达成度表。

为了帮助学生清晰地了解通过四年的学习，可以学到本专业的哪些知识、获取哪些能力，山东交通学院交通运输专业绘制了课程拓扑图，如图4-1所示。该图以学生在校学习时间为横轴，以学校课程结构为纵轴，全面体现了交通运输专业的教育目标、对应课程组成及学习路径等。

4.1.3 课程教学大纲设计及分析

人才培养体系的实施强调通过课程教学让学生达到规定的毕业要求，从而实现人才培养目标。由毕业要求的可考核指标点，设置其支撑课程，并对课程的具体内容提出要求。因此对于每门课程，既要明确其对人才培养目标的贡献、在课程体系中的位置和作用，还要明确其内容、知识点要求，以及和其他课程之间的相互联系和支撑，即要制定单门课程的教学大纲。教学大纲是根据教学计划的要求，课程在教学计划中的地位、作用，以及课程性质、目的和任务而规定的课程内容、体系、范围和教学要求的基本纲要。作为和应用型人才培养方案相配套的教学指导性文件，它是教师组织教学和编写教材、教案和讲义的直接依据，是检查和评定学生学业成绩和衡量教师教学质量的重要标准，也是国家监督、评估学校教学质量，配置师资力量和教学设施的重要依据。制定规范的课程教学大纲对指导教师教学、保障课程教学质量起着关键作用。

4.1.3.1 课程教学大纲的功能

课程教学大纲是高校教学规范化的基础和教学质量保障的工具，具有丰富的功能。在国内学者的研究中，公认最多的几项功能为：教学合同、学习工具、评估工具和沟通桥梁。

为了实现应用型人才培养，更新传统的课程设计理念，应主动吸纳用人单位参与课程教学内容设计，制定能够充分反映行业、职业要求的课程教学大纲。课程教学大纲作为课程教学的纲领性文件，制定的目的主要是：

（1）明确课程在人才培养中的定位。课程教学大纲制定的目的一方面是体现课程服务于专业建设、服务于应用型人才培养的理念，明确课程教学对达到毕业要求的贡献；另一方面是为了明确课程在整个课程体系中的作用、完成的任务、学生需要达到的学习目标，以及和其他课程之间的关系。

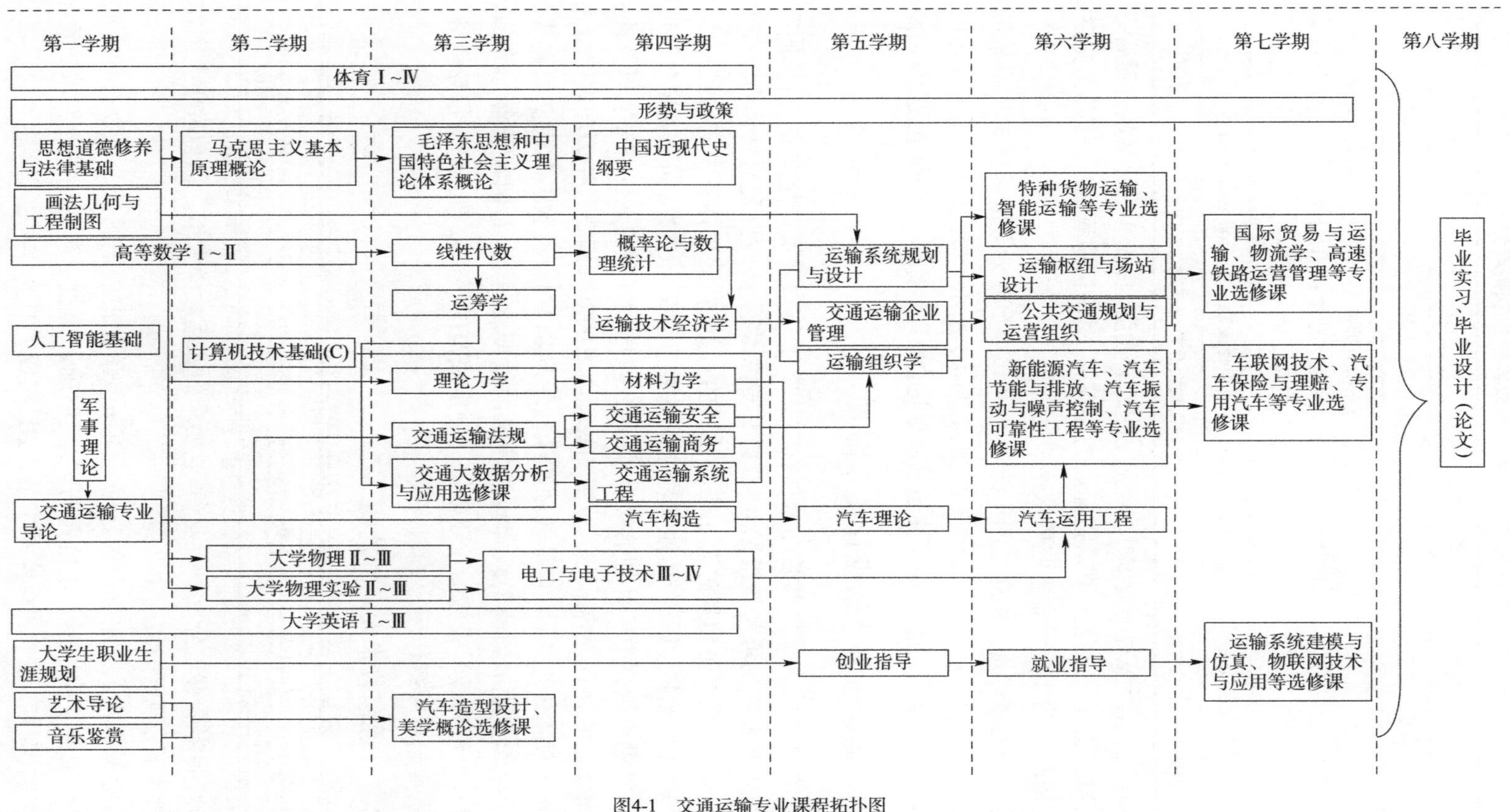

图4-1 交通运输专业课程拓扑图

(2)指导和规范教学的作用。通过制定课程教学大纲,明确课程讲授知识点,使教学做到有的放矢;规范教学过程,杜绝课堂讲授的随意性。

(3)衡量和评价教与学的依据。根据课程教学大纲,可以衡量和评价教师是否按照要求完成了教学任务,学生是否达到了课程学习要求。

(4)对先导课程学习起到指导作用。课程教学大纲应明确课程的先导课程和后续课程,并对先导课程讲授提出具体要求,保证知识体系的有机衔接。

成果导向教育理念下的课程教学大纲研制需要对成果导向教育理念的五个核心问题(具体见本书1.1.2)做出回应。因此,课程目标、课程功能、课程内容、课程教学方法及课程评价是课程教学大纲的五大核心要素,这五大要素要对毕业要求指标点在课程中的具体实现路径进行明确描述。具体制定时,要明确以下对应关系:课程学习目标与指标点要求的对应关系;课程学习目标与教学内容和教学方法的对应关系;课程学习目标与考核方式的对应关系。这样可使教师明确自己在指标点要求中应当承担什么样的培养任务,以此任务为中心开展教学活动,并采用合适的考核方式来检测学生各项能力的达成情况,并根据达成情况及时修正自己的教学活动。学生也可通过教学大纲明确自己的学习任务及应取得的学习成果(课程目标),并全方位深度参与教师实施的教学活动。

基于此,确定成果导向教育理念下课程教学大纲制定的思路:首先明确课程对毕业要求分解的哪些指标点有贡献,根据课程支撑的指标点确定具体的课程学习目标;然后对这几条指标点逐条确定与之相对应的教学内容和学时数,并最后确定完成教学内容所需的支撑条件、课程评价与考核方式、课程学习成果要求等。

4.1.3.2 课程教学大纲的构成及撰写分析

每一门课程的容量都可以很大,如果尽情展延,有限的课时难以应对,所以只能有限地择其要点,对课程的目标、内容、实现方式进行规划设计。课程教学大纲制定的目标是完成课程体系对该课程的要求,路径是顺着人才成长的价值主线,实现课程的教学内容。

1)课程教学大纲的构成

高校一般会对课程教学大纲所包含的要素给出较为统一的基本格式、组成部分的要求,但具体的课程教学大纲由任课教师根据自己的专业经验设计,内容相对灵活。芭芭拉·格罗斯·戴维斯(Barbara Gross Davis)将课程教学大纲分为12个主要部分:课程基本信息,课程描述,课程资料,课程要求,课程政策,进度安排,课程资源,特殊要求声明,课程评估和学习评价,权利和责任,安全和特殊事件预案,免责声明。

成果导向教育理念下的每门课程教学大纲需要包含以下三个方面的内容:一是课程教学大纲明确列出该课程所支撑的毕业要求分解指标点(即学习成果);二是学习成果和课程目标必须有一对一或一对多的对应关系,且课程教学内容覆盖所有课程目标;三是每个课程目标给出考核方法,设计达成度计算公式,评价每个课程目标和每个学习成果的达成度。基于此,交通运输专业设计的基于成果导向教育的课程教学大纲构成如图4-2所示。

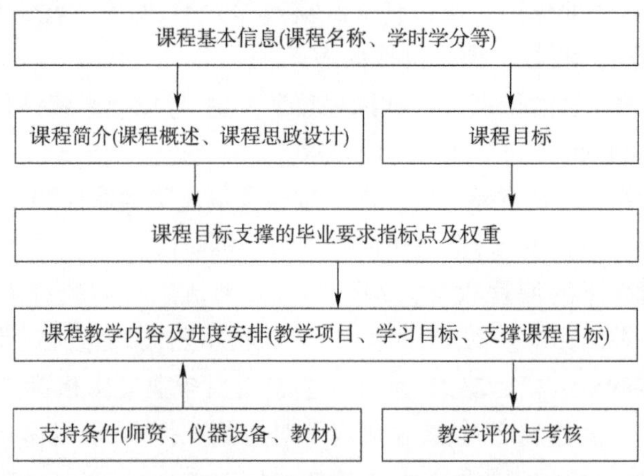

图4-2　课程教学大纲构成

通过课程教学大纲,明确课程对人才培养目标的贡献和其在课程体系中的位置和作用,同时梳理课程脉络,研究课程与课程之间的关系,明确该课程和其他课程之间的相互联系和支撑,使各课程从单纯按照内容分工向按照能力培养的协同与分工转变;通过课程教学大纲,可以分析各门课程知识点之间是互补、深化的关系,还是简单重复的关系,以重组和优化课程教学内容;通过课程教学大纲,对课程的具体内容提出要求,同时对每项课程内容确定其能支撑的可考核指标点,以保证学生达到毕业要求;通过课程教学大纲,可明确学习成果要求和评价与考核方式之间的关系,学习成果是可考核、可量化的课程学习达标标志,评价与考核方式的科学性则可促进学生的主动学习;通过课程教学大纲,还可明确师资标准条件、设施设备要求、教材编写或选用标准。

在课程教学大纲制定完成后,专业即可设计出一套与培养目标、毕业要求、课程设置、教学策略、考核办法及评价方式等相匹配的课程体系结构表(表4-8)。通过该表,明确每门课程教学在实现培养目标和达成毕业要求中的作用,使每门课程与培养目标和毕业要求直接联系,从而使老师明白"为什么教、教什么、如何教",让学生明白"为什么学、如何学以及学到什么程度"。

成果导向教育理念下课程体系结构表　　表4-8

培养目标	毕业要求		课程设置		课程目标	课程内容	教学策略	考核与评价	……
			课程名称	支撑度					
目标1	要求1	指标点1							
		指标点2							
		……							
	要求2	指标点1							
		指标点2							
		……							
	要求……	……							

续上表

<table>
<tr><th rowspan="2">培养目标</th><th colspan="2" rowspan="2">毕业要求</th><th colspan="2">课程设置</th><th rowspan="2">课程目标</th><th rowspan="2">课程内容</th><th rowspan="2">教学策略</th><th rowspan="2">考核与评价</th><th rowspan="2">……</th></tr>
<tr><th>课程名称</th><th>支撑度</th></tr>
<tr><td rowspan="7">目标2</td><td rowspan="3">要求1</td><td>指标点1</td><td></td><td></td><td></td><td></td><td></td><td></td><td></td></tr>
<tr><td>指标点2</td><td></td><td></td><td></td><td></td><td></td><td></td><td></td></tr>
<tr><td>……</td><td></td><td></td><td></td><td></td><td></td><td></td><td></td></tr>
<tr><td rowspan="3">要求2</td><td>指标点1</td><td></td><td></td><td></td><td></td><td></td><td></td><td></td></tr>
<tr><td>指标点2</td><td></td><td></td><td></td><td></td><td></td><td></td><td></td></tr>
<tr><td>……</td><td></td><td></td><td></td><td></td><td></td><td></td><td></td></tr>
<tr><td>要求……</td><td>……</td><td></td><td></td><td></td><td></td><td></td><td></td><td></td></tr>
<tr><td>目标……</td><td>……</td><td>……</td><td></td><td></td><td></td><td></td><td></td><td></td><td></td></tr>
</table>

2)课程教学大纲的撰写分析

以交通运输专业的一门专业必修课——汽车理论为例,详细阐述基于成果导向教育理念的课程教学大纲的设计与撰写。

(1)课程基本信息。

课程基本信息包括课程名称、课程编号、授课学期、课程性质、开课院部、课程负责人及课程团队、课程的学时学分、课程适用专业,以及课程对先修课应知应会的要求及支撑的后续课程。汽车理论课程的基本信息见表4-9。

汽车理论课程基本信息 表4-9

<table>
<tr><td>课程编号</td><td>040302</td><td>课程名称</td><td colspan="2">汽车理论</td><td colspan="2">授课学期</td><td>第5学期</td></tr>
<tr><td>课程类别</td><td>专业必修课</td><td>课程性质</td><td colspan="2">必修课</td><td colspan="2">适用专业</td><td>交通运输</td></tr>
<tr><td>开课院部</td><td colspan="2">汽车工程学院</td><td>课程负责人</td><td colspan="4">×××</td></tr>
<tr><td>课程团队</td><td colspan="7">×××、×××、×××</td></tr>
<tr><td rowspan="2">总学时/学分</td><td rowspan="2">56/3.5</td><td rowspan="2">理论学时</td><td rowspan="2">52</td><td colspan="2">实验</td><td colspan="2">4</td></tr>
<tr><td colspan="2">上机</td><td colspan="2">0</td></tr>
<tr><td rowspan="2">先修课程</td><td>课程名称</td><td colspan="6">对先修课应知应会具体要求</td></tr>
<tr><td>理论力学</td><td colspan="6">①了解平衡、刚体和力的概念;理解等效力系、平衡力系、约束;对简单的物体系统,能熟练地取分离体并画出受力图。
②熟悉力、力矩和力偶等基本概念及其性质,能熟练地计算力在轴上的投影、力对点之矩和力对轴之矩,理解力的平移定理并会应用。
③理解滑动摩擦力的概念、滑动摩擦因数;掌握考虑滑动摩擦力时物体和简单物体系统的平衡问题。
④了解运动学的研究对象、运动的相对性、参考坐标系;能求点的运动方程,并能熟练地计算点的速度、加速度。
⑤熟悉刚体平动、定轴转动和平面运动的特征,并能熟练地计算刚体的角速度和角加速度、转动刚体内各点的速度和加速度。
⑥了解刚体平面运动分解成平动和转动;掌握用速度瞬心法求平面图形内各点的速度。</td></tr>
</table>

续上表

	课程名称	对先修课应知应会具体要求
先修课程	理论力学	⑦能理解并熟练计算动力学基本量(动量、动能、功、功率等);理解并会计算惯性力。 ⑧了解单自由度自由振动的固有频率和周期、运动微分方程的建立和求解
	汽车构造	①掌握汽车的基本结构。 ②掌握发动机的工作原理。 ③理解发动机各工况对混合气成分的要求
后续课程	对后续课程汽车运用与检修、汽车事故鉴定等提供汽车性能评价等方面所需要的知识和能力	

课程基本信息来源于课程服务专业的人才培养方案。其中,课程类别是指该课程在人才培养方案中是属于公共基础课、学科基础课、专业必修课、专业选修课、集中实践教学环节中的哪一类。由于汽车理论课程对本专业相应岗位素能要求的达成起到重要的支撑作用,因此定为专业必修课。课程对先修课应知应会的要求及支撑的后续课程中,填写与该课程紧密关联的2~3门先导课程或后续课程,可从培养方案课程拓扑图中查找;或从课程知识体系的衔接性出发选取关联性较强的前期课程。该课程先修课包括理论力学、汽车构造,同时该课程为后续汽车运用与检修、汽车事故鉴定课程服务,因此本课程在整个课程体系中起到承前启后的作用。

(2)课程简介。

课程简介包括课程概述和课程思政设计两个方面。

①课程概述。课程概述是对课程的整体描述,要能清晰、准确地描述出课程学习的主要目的、所经历的学习过程、最终达到的学习成果,即应能描述出课程的性质、在课程体系中的地位和作用、应该完成的任务等。另外,课程概述中要求结合课程特点,给出课程的主要教学方法。

②课程思政设计。为深入贯彻落实《关于加强和改进新形势下高校思想政治工作的意见》(中发〔2016〕31号)、《关于深化新时代学校思想政治理论课改革创新的若干意见》和《高等学校课程思政建设指导纲要》(教高〔2020〕3号)等文件要求,充分发挥课堂主渠道作用,把思想政治工作贯穿于教育教学全过程,按照“所有课程都有育人功能”的要求,把思想政治教育融入每一门课程。在课程教学大纲中设置“课程思政设计”内容,通过设计相应教学环节,将“课程思政”元素融入学生的学习任务中,体现在学习评价方案中。通过深入梳理专业课教学内容,结合不同课程特点、思维方法和价值理念,深入挖掘课程思政元素,有机融入课程教学,达到润物无声的育人效果。

表4-10所示为汽车理论课的课程简介。

汽车理论课课程简介 表4-10

课程概述	汽车理论是交通运输专业的一门专业必选课,主要讲述汽车的动力性、燃油经济性、制动性、操纵稳定性、舒适性和通过性。本课程的主要任务是在分析汽车运动受力的基础上,用理论分析和试验相结合的方法,研究汽车使用性能和结构之间的关系,分析各使用性能的影响因素,从而为后续专业课程的学习和将来从事与车辆运行安全与技术保障等相关工作打下必要的理论基础。 课程秉承成果导向教学理念,充分利用网络教学资源,以学生实践训练为主,兼用启发式、互动式和讨论式等教学方法,体现学生主体作用
课程思政设计	主要选择与汽车理论关系密切的科技进步、节能减排和安全生产三个方面进行思政教育

(3)课程目标及对毕业要求指标点的支撑。

这部分规定了学生通过课程学习应取得的学习成果,也是成果导向教育理念下的课程教学质量与产出标准,并清晰地反映出每项课程目标所支撑的毕业要求指标点。课程目标的确定要以课程对于毕业要求达成的映射关系为基础,并体现课程教学特点。通常,课程目标在颗粒度上比毕业要求更小,在语义上具有兼顾毕业要求和课程教学特点的特征,同时要充分体现以能力为核心的产出导向。

基于成果导向教育理念,从毕业要求分解的可考核指标点出发反向倒推确定课程的学习目标。课程学习目标的描述,应以学生为中心、学习成果为中心进行描述,呼应课程概述,每一条均应体现课程概述的重要内涵。站在学生的角度,清晰、具体地描述学习的认知层次,让学生能看懂通过本课程学习,可以学到什么、达成什么。

确定课程学习目标是教学设计的首要环节,因此对学习目标的准确分类,具有重大意义。20 世纪 50 年代以本杰明 · 布鲁姆(Benjamin Bloom)为代表的美国心理学家提出的教学目标分类理论十分具有代表性,对教师分析和设计教学目标具有重要的借鉴和参考价值。在这个理论体系中,布鲁姆等人将教学活动所要实现的整体目标分为认知、情感、心理运动三大领域,并从实现各个领域的最终目标出发,确定了一系列目标序列。

①认知学习领域教学目标分类。

根据布鲁姆等人对认知领域学习目标的划分,可以将教学活动所要实现的认知领域的目标分为由最简单到最复杂的六个层次:记忆、理解、应用、分析、评价和创造,这六个层次间是递进的关系,如图 4-3 所示。

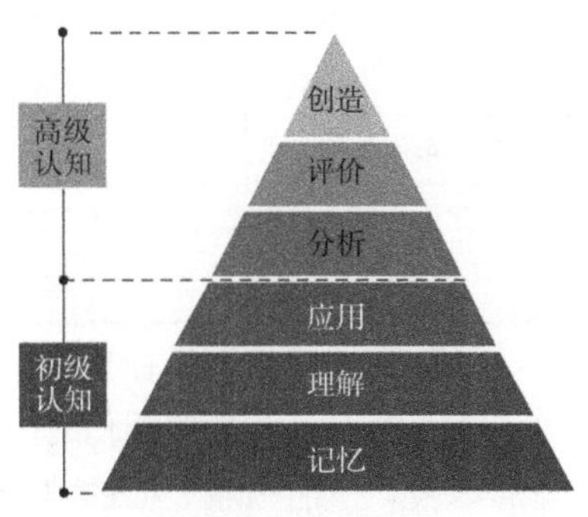

图 4-3 布鲁姆教学目标分类

在不同层次上,教学侧重点不同。记忆或知识层次强调培养学生用追忆或再认法记忆所学知识,并学习如何借助暗示、信号与线索将习得知识有效回忆的能力。理解层次强调把握知识材料意义的能力。可以通过三种形式来表明对知识材料的领会:一是转换,即用自己的话或用与原先不同的方式来表达所学的内容;二是解释,即对一项信息(如图表、数据等)加以说明或概述;三是推断,即预测发展的趋势。运用层次强调学生把学到的知识应用于新的情境、解决实际问题的能力,包括概念、原理、方法和理论的应用。运用的能力以知道和领会为基础,是较高水平的理解。分析层次培养学生把复杂的知识整体分解为组成部分并理解各部分之间联系的能力,具体包括部分的鉴别、部分之间关系的分析和对其中的组织结构的认识。分析代表了比运用更高的智力水平,因为它既要理解知识材料的内容,又要理解其结构。评价层次注重对材料(如论文、观点、研究报告等)做价值判断的能力。创造层次则强调创造能力,即形成新的模式或结构的能力。认知领域六层次目标的一些典型用词见表 4-11。在课程教学大纲的设计中,对教学目标的描述、课程内容的描述等,不同层次的认知,要对应能够表现不同层次的动词。

不同认知层次表述动词示例 表4-11

认知层次	对应描述的典型动词
记忆	了解、知道、识记、记忆、描述、指出、标明、列举、选择、说明、背诵、配合、定义、写出、复述、辨别、辨认
理解	理解、用自己的话说出、区别、估计、解释、举例说明、叙述、鉴别、选择、归纳、预测、分类、转换
应用	计算、示范、应用、运用、操纵、操作、准备、产生、制作、列举、解答、证明、改变、表现、发现、修饰、阐述、解释、说明、修改
分析	分析、区别、指明、猜测、选择、分类、比较、对照、检查、评析、图示、组成、归纳、重建、总结、重组、重新安排、计划、修饰、编写、创造、设计、综合
评价	评价、比较、结论、对比、总结、证明、评定、判断、解释、编写
创造	建立、创造、创新、改革

②情感领域教学目标分类。

情感领域的教学目标，以克拉斯沃尔(Krathwohl, D. R.)为首，于1964年提出，分为五个层次：接受、反应、形成价值观念、组织价值观念系统和价值体系个性化。表4-12给出了情感领域方面的典型用词。

情感领域教学目标用词示例 表4-12

情感领域层次	对应描述的典型动词
接受	听讲、看出、注意、选择、接受、同意
反应	选择、列举、遵守、听从、服从、帮助
形成价值观念	愿意、决定、支持、确认、形成
组织价值观念系统	愿意、热爱、计划、决定、参加、欢呼、欢庆
价值体系个性化	相信、坚持、贯彻、抵制、反对、赞成、认为、修正、献身

③技能领域教学目标分类。

技能领域目标强调模仿、操作、精确、连贯、归化，涉及技能或完成某种操作、解决某种问题的本领。技能领域方面的典型用词见表4-13。

技能领域教学目标用词示例 表4-13

技能领域层次	对应描述的典型动词
模仿	练习、模仿、分解、移动
操作	初步学会、在教师的指导下……、学唱
精确	学会、比较熟练、掌握
连贯	熟练掌握、熟练操作、熟练使用
归化	改变、新编、创造

在交通运输专业知识结构分解的可考核指标点中，汽车理论课程涉及的可考核指标点包括以下各条。指标点1-2：掌握交通运输领域基本理论和基本知识，并能将其用于分析工程问题中的交通运输规划、运营与安全保障、车辆技术使用与管理等问题；指标点2-3：能够应用工程科学的基本原理或数学建模方法，对交通运输领域的复杂工程问题进行建模、计算、分析，以获得有效结论；指标点3-1：掌握交通运输网络规划、运输组织流程设计、车辆技术使用与管理

的基本方法和技术,能够针对复杂交通运输工程问题制定设计目标和解决方案,了解影响设计目标和技术方案的各种因素;指标点 4-2:能够综合运用交通运输相关基础与专业理论,熟练使用各类实验设备和工具,采用科学方法进行相关实验方案设计,组织实施实验。由上述 4 个可考核指标点,反向倒推确定该课程的目标,包括:掌握汽车各使用性能的含义和评价指标,能够根据运输生产需要和运行条件、汽车的结构、性能与使用条件等,合理使用汽车;理解汽车运行原理及特性原理;能够分析汽车在不同运动状态下的受力情况,并正确求解;能够分析汽车使用性能和结构之间的关系,掌握汽车各项使用性能的影响因素;具有一定的改装各种专用汽车各参数的能力;能够掌握汽车主要使用性能的测试原理、所用仪器及测试方法。并将课程思政目标"能从科技进步、节能减排和安全生产等方面增强专业使命感和社会责任感"融入课程目标 1 中。课程目标同时又对上述 4 个可考核指标点的达成起支撑作用。

同时,确定课程对毕业要求指标点的支撑权重,将对应权重赋值填入课程目标及与毕业要求的对应关系表中,见表 4-14。权重的填写,要与课程教学目标相一致,一般由本门课程的所有任课教师协商确定。通过填写课程对毕业要求指标点的支撑权重,量化了课程对专业毕业要求达成的贡献度,一方面可以让学生对自己所学、教师对自己所教有清晰的认识,另一方面,该部分是课程教学结束之后根据课程教学目标达成评价结果,从而进一步进行毕业要求达成评价的基础,也方便后续对课程体系进行合理调整。

汽车理论课课程目标及对毕业要求指标点的支撑 表 4-14

序号	课 程 目 标	支撑毕业要求指标点	权重
1	课程目标 1:掌握汽车各使用性能的含义和评价指标,能够根据运输生产需要和运行条件、汽车的结构、性能与使用条件等,合理使用汽车。能从科技进步、节能减排和安全生产等方面增强专业使命感和社会责任感	指标点 1-2:掌握交通运输领域基本理论和基本知识,并能将其用于分析工程问题中的交通运输规划、运营与安全保障、车辆技术使用与管理等问题	0.4
2	课程目标 2:理解汽车运行原理及特性原理;能够分析汽车在不同运动状态下的受力情况,并正确求解	指标点 2-3:能够应用工程科学的基本原理或数学建模方法,对交通运输领域的复杂工程问题进行建模、计算、分析,以获得有效结论	0.3
3	课程目标 3:能够分析汽车使用性能和结构之间的关系,掌握汽车各项使用性能的影响因素;具有一定的改装各种专用汽车各参数的能力	指标点 3-1:掌握交通运输网络规划、运输组织流程设计、车辆技术使用与管理的基本方法和技术,能够针对复杂交通运输工程问题制定设计目标和解决方案,了解影响设计目标和技术方案的各种因素	0.2
4	课程目标 4:能够掌握汽车主要使用性能的测试原理、所用仪器及测试方法	指标点 4-2:能够综合运用交通运输相关基础与专业理论,熟练使用各类实验设备和工具,采用科学方法进行相关实验方案设计,组织实施实验	0.1

(4)教学内容及进度安排。

在确立完毕业要求指标点和课程目标之间的对应关系后,需要根据课程目标选择教学内容,进行教学的组织设计,形成课程目标与教学内容的对应关系,从而保证毕业要求通过每门课程的实施实现达成。基于成果导向教育理念,将课程知识点及其教学内容按照毕业要求的需要进行构建，一个内容单元可以对应多个教学目标，同一教学目标也可有多个单元与之对应。围绕课程目标的达成，在每一章节教学中明确授课建议（教学方法和教学手段），教学方法的选择要体现以学生为中心，发挥学生的主观能动性，通过合理选择教学方式促进教学目标的达成，最终达到支撑毕业要求达成的目的。

汽车理论课程以汽车理论性能研究为主线，设置了动力性、燃油经济性、动力装置参数的确定、制动性、操纵稳定性、平顺性和通过性7个集知识、实践技能为一体的任务模块，根据各任务的教学内容确定了所需的教学学时，形成了从岗位需求出发，理论联系实际，以能力培养为主线的课程结构体系。

以课程内容"汽车动力装置参数的确定"为例介绍教学内容及进度安排。该教学项目支撑课程目标3，即能够分析汽车使用性能和结构之间的关系，掌握汽车各项使用性能的影响因素，具有一定的改装各种专用汽车各参数的能力。其知识要点主要有发动机最大功率和传动系传动比的确定。通过该部分的学习，学生要能够掌握发动机功率的选择、最小传动比、最大传动比和传动系数与各档传动比的选择方法，及其对汽车动力性及经济性的影响。汽车理论课教学内容及进度安排详见表4-15。

汽车理论课教学内容及进度安排 表4-15

教学单元	教学项目	知识要点	学习目标	课内学时	授课建议	支撑课程目标
1	汽车的动力性	汽车动力性的含义与评价指标；汽车的驱动力与行驶阻力；汽车行驶的驱动——附着条件与汽车的附着力；汽车的动力性分析；影响汽车动力性的主要因素	了解汽车动力性的评价性指标，进行动力性计算的基本原理、计算方法；掌握汽车行驶所受各种阻力产生的原因、计算方法、影响因素；掌握汽车行驶的附着条件和附着的力学分析方法	14	多媒体讲授，讲练结合	课程目标1、课程目标2
2	汽车的燃油经济性	汽车燃油经济性的评价指标；汽车燃油经济性的计算；影响汽车燃油经济性的主要因素	掌握汽车燃油经济性的各种评价指标及方法，掌握不同行驶工况下油耗的计算方法，能分析总结节油的可行措施和提高燃油经济性的有效途径；具有节能意识和环保理念	6	多媒体讲授，讲练结合	课程目标1
3	汽车动力装置参数的确定	发动机最大功率和传动系传动比确定；发动机最大功率的确定；传动系最大传动比的确定	掌握发动机功率的选择、最小传动比、最大传动比和传动系数与各挡传动比的选择方法，及其对汽车动力性及经济性的影响	4	多媒体讲授，讲练结合	课程目标3
4	汽车的制动性	汽车制动性的评价指标；汽车的制动效能及其恒定性；制动时汽车的方向稳定性；前、后车轮制动器制动力的比例关系	掌握制动时汽车和车轮的受力分析方法，汽车制动距离的计算方法及影响因素；明确制动时汽车方向不稳定现象及其机理，掌握制动过程的分析，明确同步附着系数和车轮防抱死的概念	14	多媒体讲授，讲练结合	课程目标1、课程目标2、课程目标3

续上表

教学单元	教学项目	知识要点	学习目标	课内学时	授课建议	支撑课程目标
5	汽车的操纵稳定性	汽车操纵稳定性概述;轮胎的侧偏特性;前轮角阶跃输入的瞬态响应;前轮角阶跃输入的稳态响应;汽车行驶时的翻倾和整车侧滑	充分理解轮胎的侧偏特性,掌握在侧向力作用下汽车的运动分析和受力分析,重点掌握两自由度模型对前轮角输入的响应,了解前轮角阶跃输入下的瞬态响应,基本了解侧倾对操纵稳定性的影响	10	多媒体讲授,讲练结合	课程目标1、课程目标2、课程目标3
6	汽车的平顺性	人体对振动的反应和平顺性的评价;路面平面度的统计特性;汽车振动系统的简化,单质量系统的振动	掌握平顺性的评价指标,熟悉ISO 2631对人体承受振动的模型建立,熟练掌握线性系统输入、输出与传递特性之间的关系,掌握系统频率响应函数和幅频特性的计算方法,会分析系统参数对振动响应的影响,了解双轴汽车的振型和减小俯仰角加速度的办法	6	多媒体讲授,案例分析	课程目标1、课程目标3
7	汽车的通过性	汽车通过性评价指标及几何参数	熟悉汽车通过性、几何通过性和支承通过性的含义;掌握汽车支承通过性的评价指标和影响通过性的汽车几何参数	2	多媒体讲授,案例分析	课程目标1

(5)课程评价与考核。

对课程教学来说,课程目标达成度的实现是教学的最终目标,因此,围绕课程目标的达成合理设置课程目标的评价与考核标准是课程教学大纲的重要元素。对预期学习成果的评价可根据教学内容、教学方法,采用如作业、课堂讨论、分组项目、期中考试、期末考试等多种方式、不同权重组成的评价办法进行。汽车理论课程评价与考核标准见表4-16,该评价与考核标准也是后续撰写课程质量报告、进行毕业要求达成评价的依据。

汽车理论课程评价与考核标准 表4-16

序号	课程目标(支撑毕业要求指标点)	评价依据及其成绩比例(%)				成绩比例(%)
		课堂表现	作业	考试	实验	
1	课程目标1:掌握汽车各使用性能的含义和评价指标,能够根据运输生产需要和运行条件、汽车的结构、性能与使用条件等,合理使用汽车	5	5	15	—	25
2	课程目标2:理解汽车运行原理及特性原理;能够分析汽车在不同运动状态下的受力情况,并正确求解	5	5	30	—	40
3	课程目标3:能够分析汽车使用性能和结构之间的关系,掌握汽车各项使用性能的影响因素;具有一定的改装各种专用汽车各参数的能力	—	5	25	—	30
4	课程目标4:能够掌握汽车主要使用性能的测试原理、所用仪器及测试方法	—	—	—	5	5
合计		10	15	70	5	100

(6)支撑条件。

课程教学大纲的第六、第七、第八部分分别是实验仪器设备要求、师资标准、教材选用原则,这三部分均为课程实施的支撑条件,汽车理论课程对这三部分的具体要求见表4-17。

汽车理论课课程实施支撑条件 表4-17

实验仪器设备要求	具有满足汽车动力性、汽车制动性实验要求的汽车性能实验室
师资标准	①具有交通运输类、汽车类或相关专业硕士研究生及以上学历。 ②具有高校教师资格证书。 ③熟悉交通运输行业的生产技术情况及发展趋势,与行业企业保持紧密联系,能将企业的新技术、新工艺、新材料、新方法和新理论补充进课程。 ④熟悉交通运输相关专业知识和相关理论,并能在教学过程中灵活运用;能担任交通运输相关的实习实训指导工作。 ⑤具备课程开发和专业研究能力,能遵循应用型本科的教学规律正确分析、设计、实施及评价课程。 ⑥兼职教师要求:兼职教师应是来自企业一线的技术骨干,熟悉高等教育教学规律,熟悉汽车的构造、工作原理等内容,具有执教能力
教材选用原则	①选用的教材必须符合本专业人才培养目标及课程教学的要求,取材合适,深度适宜,分量恰当,符合认知规律,富有启发性,有利于激发学生学习兴趣,有利于学生知识、能力和素质的培养。 ②选用教材必须以质量为标准。优先选用国家级和省部级规划教材、教育主管部门或教学指导委员会推荐的教材。 ③优先选用近3年出版的新教材或修订版教材。 ④选用的教材应体现科学性、先进性和适用性的有机统一,能反映本学科国内外科学研究和教学研究的先进成果,正确阐述本学科的科学理论,完整表达课程应包含的知识,结构严谨,理论联系实际,具有学科发展上的先进性和教学上的适用性。 ⑤选用的教材应文字精练,语言流畅,文图配合恰当,图表清晰准确,符号、计量单位符合国家标准。 ⑥教材中的工作任务设计要具有可操作性

4.1.4 课程目标达成情况分析

在课程实施结束后,需要依据课程教学大纲中的评价与考核标准撰写课程质量报告,分析课程目标达成情况,进而分析毕业要求达成度。对所设定的各个学习成果进行统计,采用合理的评估方法分析课程对毕业要求指标点的支撑达成度评价结果(表4-18),评估课程所负责的毕业要求达成情况。这部分将在6.2中详细介绍。

课程对可考核指标点的支撑达成度评价结果 表4-18

课程	可考核指标点	指标点对应的考核分数	学生实际的考试成绩	达成目标值	达成评价值
课程A	指标点1-1	30	27	0.5	0.45
	指标点1-2	40	32	0.4	0.32
	指标点1-3	30	25.5	0.2	0.17
……					

通过课程对可考核指标点的支撑达成度评价，保障课程的实施效果。达成度的评价分析结果，反映了预期学习成果的达成情况，一方面可以持续改进课程教学各环节存在的问题，另一方面也为毕业要求的达成和改进提供依据，为最终毕业要求的达成提供支撑保障。

4.1.5 课程教学大纲开发实例

基于专业课程体系，以交通运输专业中的学科基础课、专业核心课、集中实践教学环节等分别举例说明课程教学大纲的撰写。

4.1.5.1 学科基础课课程教学大纲

选择学科基础课中的“运输技术经济学”作为典型代表，该课程开设在第4学期，主要为后续专业核心课程构筑理论和基本技能的平台，因此，此类课程在课程教学大纲的设置中，要完成交通运输领域基础知识掌握及基本技能培养。通过该类课程的学习，为后续的专业课程创造良好的先决条件，为本专业知识的掌握和独立工作能力的培养，打下坚实的基础。

交通运输发展以工程技术应用为基础，工程技术的应用是以经济发展为目的，必然涉及资源的有效利用。运输技术经济学正是为解决技术应用中的经济问题而发展起来的应用经济学的一个分支，是技术经济学原理和方法在交通运输领域中的应用。该课程主要介绍运输技术经济学的基本理论、基本方法和基本技能。通过本课程的学习，使学生树立经济观点，建立经济意识，掌握交通运输活动中经济分析与经济决策的方法与技能，提高解决实际的交通运输技术经济问题的能力。按照上述基于成果导向教育的课程教学大纲设计原则，完成课程教学大纲的设计，见表4-19。

运输技术经济学课程教学大纲　　表4-19

一、课程基本信息					
课程编号	040226	课程名称	运输技术经济学	授课学期	第4学期
课程类别	专业必修课	课程性质	必修课	适用专业	交通运输
开课院部	汽车工程学院		课程负责人	×××	
课程团队	×××、×××				
总学时/学分	32/2	理论学时	32	实验	0
				上机	0
先修课程	课程名称	对先修课应知应会具体要求			
	高等数学	理解函数的概念，会建立简单实际问题的函数关系式；理解函数极值的概念，掌握用导数判断函数的单调性和求极值的方法，掌握最大值和最小值的应用问题			
	线性代数	了解矩阵和线性方程组的一些基本概念；掌握矩阵的运算规则；会求解简单的线性方程组			
	概率论与数理统计	理解总体、样本、统计量、样本均值和样本方差的概念，能计算样本均值、样本方差；能用经验分布函数、频数频率分布表等进行样本数据的整理			
后续课程	对后续课程运输系统规划与设计、运输组织学等提供运输技术经济评价等方面所需要的知识和能力				

续上表

二、课程简介	
课程概述	运输技术经济学是交通运输专业一门必修的专业基础课程。主要内容包括:运输技术经济学的基本原理和方法、运输项目技术经济评价的方法体系、技术经济学应用于运输领域宏观和微观分析对象。通过本课程的学习,学生能够理解技术经济学的基本原理和方法,掌握交通运输项目技术经济评价的方法体系,能够运用技术经济学知识解决交通运输领域技术经济问题,并为其后续专业课程的学习打下坚实的基础。 课程秉承成果导向教育教学理念,充分利用网络教学资源,以课程讲授为主,兼用启发式、互动式和讨论式等教学方法,体现学生主体作用
课程思政设计	主要选择与运输技术经济学关系密切的家国情怀、社会责任和执业操守三个方面进行思政教育

三、课程目标及对毕业要求指标点的支撑			
序号	课程目标	支撑毕业要求指标点	权重
1	课程目标1:理解运输技术经济学的基本原理,掌握运输技术经济学的基本评价方法	指标点11-1:能够理解并掌握工程管理基本原理和市场经济基本知识	0.6
2	课程目标2:能够将技术经济学应用于运输领域宏观和微观分析对象	指标点11-2:能够将工程项目管理原理和经济决策方法在多学科环境中应用	0.4

四、教学内容及进度安排					
教学单元	教学项目	学习目标	课内学时	授课建议	支撑课程目标
1	绪论	熟悉运输技术经济学的研究对象,掌握运输技术经济学的基本原理和方法	4	多媒体讲授,讲练结合	课程目标1
2	技术经济分析基本要素及其估算	了解项目投资的概念,掌握项目成本和费用估算技术,了解所得税与项目现金流量	4	多媒体讲授,讲练结合	课程目标1
3	资金的时间价值及等值计算	熟悉资金的时间价值、利息与利率,会画现金流量图,会应用资金等值计算公式进行资金等值计算	4	多媒体讲授,讲练结合	课程目标1
4	运输项目经济效果评价方法	熟悉经济效果评价指标,掌握运输项目方案的评价与决策	4	多媒体讲授,讲练结合	课程目标1、课程目标2
5	不确定性与风险分析	掌握盈亏平衡分析、敏感性分析,了解概率分析、蒙特卡罗模拟分析	4	多媒体讲授,讲练结合	课程目标1、课程目标2

续上表

教学单元	教学项目	学习目标	课内学时	授课建议	支撑课程目标
6	项目财务分析	熟悉项目可行性研究、资金筹措、项目的财务收入和费用识别,会进行项目的财务分析	2	多媒体讲授,讲练结合	课程目标1、课程目标2
7	运输基础设施项目的经济分析	了解运输基础设施项目的公共性和外部性,熟悉运输基础设施项目的费用效益识别,掌握运输基础设施项目的经济评价方法,了解公共项目的民间参与(特许权经营)	4	多媒体讲授,讲练结合	课程目标2
8	运输设备更新的经济分析	熟悉运输设备更新的基本原理,掌握设备的大修及其技术经济分析,掌握运输设备更新及其技术经济分析,了解设备现代化改装及技术经济分析,掌握运输设备租赁的经济分析	4	多媒体讲授,讲练结合	课程目标2
9	价值工程	掌握对象选择和信息收集方法,会进行对象功能分析与评价,熟悉对象改进与创新,培养创新思维意识	2	多媒体讲授,讲练结合	课程目标1、课程目标2

五、课程评价与考核

序号	课程目标(支撑毕业要求指标点)	评价依据及其成绩比例(%)				成绩比例(%)
		课程表现	作业	讨论	考试	
1	课程目标1:理解运输技术经济学的基本原理,掌握运输技术经济学的基本评价方法	4	12	8	36	60
2	课程目标2:能够将技术经济学应用于运输领域宏观和微观分析对象	2	8	6	24	40
合计		6	20	14	60	100

六、实验仪器设备要求

无

七、师资标准

①具有交通运输类专业硕士研究生及以上学历。

②具有高校教师资格证书。

③具有交通运输类资格证书,或具有交通运输类专业背景,熟悉本行业的生产技术情况及发展趋势,与行业企业保持紧密联系,能将企业的新技术、新工艺、新材料、新方法和新理论补充进课程。

④熟悉交通运输相关专业知识和相关理论,并能在教学过程中灵活运用;能担任交通运输专业实习、实训指导工作。

⑤具备课程开发和专业研究能力,能遵循应用型本科的教学规律正确分析、设计、实施及评价课程。

⑥兼职教师要求:兼职教师应是来自企业一线的技术骨干,熟悉高等教育教学规律,熟悉交通运输专业的教学内容,具有执教能力

续上表

八、教材选用原则
①必须依据本课程目标和应知应会要求标准编写或选用教材。 ②教材应充分体现任务驱动、实践导向的教学思路。 ③教材应突出实用性、开放性和专业定向性，要具有前瞻性，把握本专业领域的发展趋势。 ④教材应以学生为本，文字表述要简明扼要，内容展现应图文并茂，突出重点，重在提高学生学习的主动性和积极性。 ⑤教材中的任务设计要具有可操作性

4.1.5.2　专业核心课课程教学大纲

专业核心课一般开设在第 3 至第 6 学期，以培养学生的专业核心能力为主。学生应在此期间掌握交通运输系统分析、规划、组织、管理以及车辆运用与保障技术等的基本理论、知识与技能，具备良好的分析、表达和解决交通运输复杂工程问题的能力，具有一定的持续学习能力。根据专业培养方向，又可以将课程分成两类，一类是交通运输系统设计、运营管理类，一类是车辆运用与保障技术类，分别选取第一类中的“运输组织学”和第二类中的“新能源汽车技术”举例说明专业核心课程教学大纲的开发。

1）运输组织学课程教学大纲

运输组织学是一门总论性质的课程，通过学习，使学生了解交通运输理论框架，形成对交通运输的基本认识，掌握交通运输组织管理方面的基本知识，掌握其系统运作方法，具备交通运输组织管理的基础能力，从而为后续专业课的学习打下坚实的基础。课程内容涵盖各种交通运输方式的共性特征，包括：运输系统总论，运输需求分析与预测，交通运输资源配置与产品规划，交通运输能力，旅客运输组织，货物运输组织，交通线网运输组织，交通场站与枢纽运输组织，交通运输生产计划与运输调度工作。课程教学的根本目的在于使学生明白什么是交通运输，从事交通运输业要掌握哪些知识，如何组织社会化的交通运输活动，交通运输组织的基本原理和方法等基本知识。

运输组织学课程教学大纲见表 4-20。

运输组织学课程教学大纲　　表 4-20

一、课程基本信息					
课程编号	050115	课程名称	运输组织学	授课学期	第 5 学期
课程类别	专业必修课	课程性质	必修课	适用专业	交通运输
开课院部	汽车工程学院		课程负责人	×××	
课程团队	×××、×××、×××				
总学时/学分	32/2	理论学时	32	实验	0
				上机	0
先修课程	课程名称	对先修课应知应会具体要求			
	交通运输专业导论	掌握交通运输规划管理基本定义			
	运输技术经济学	掌握项目的财务分析、经济评价方法			

续上表

后续课程	对后续课程运输枢纽与场站设计、公共交通运营与管理、智能运输系统、城市轨道交通等提供交通运输组织管理所需要的基础知识和能力		
二、课程简介			
课程概述	运输组织学是交通运输专业的一门专业必修课。本课程从交通运输组织相关原理及其发展展开，系统讲授交通运输组织的理论及方法。重点讲授运输需求分析与预测、交通运输能力、客货运运输组织、线网运输组织的相关原理、方法及应用，注重各部分的内在联系。通过本课程的学习，学生能够对交通运输组织的总体认识进行把握，具备交通运输组织设计、优化的知识，以期其能具备进行基础分析、优化交通运输组织的能力，为其后续专业课程的学习奠定坚实的理论基础。 课程秉承成果导向教学理念，充分利用网络教学资源，以课程讲授为主，辅以启发式、互动式和讨论式等教学方法，体现学生主体作用		
课程思政设计	本课程以习近平新时代中国特色社会主义思想为指导，坚持知识传授与价值引领相结合，运用可以培养大学生理想信念、价值取向、政治信仰、社会责任的题材与内容，全面提高大学生缘事析理、明辨是非的能力，让学生成为德才兼备、全面发展的人。 具体在教学过程中结合交通运输组织管理中的枢纽组织、客货运运输组织等相关知识，介绍我国多式联运、枢纽建设情况；传达公交优先等相关政策，加强对交通强国战略的介绍，明确我国交通建设的发展方向，让学生感受国家强大进而增强自信，培养学生的家国情怀		
三、课程目标及对毕业要求指标点的支撑			
序号	课 程 目 标	支撑毕业要求指标点	权重
1	课程目标1：能够掌握交通运输生产的规划、组织、计划和管理的基本理论、方法及影响因素，重点掌握交通运输能力计算及交通流理论等主要模型原理及影响因素，形成对运输组织原理及其发展的总体认识	指标点3-1：掌握交通运输网络规划、运输组织流程设计、车辆技术使用与管理的基本方法和技术，能够针对复杂交通运输工程问题制定设计目标和解决方案，了解影响设计目标和技术方案的各种因素	0.3
2	课程目标2：理解并能运用客货运运输组织、线网运输组织、枢纽运输组织等运输组织方式的概念、组织目的、组织方法及组织优化方式等完成运输生产组织方案	指标点3-2：能够根据道路交通运输等领域特定的需求，完成满足交通运输网络、货物(旅客)运输组织、运输场站与枢纽及车辆技术使用与管理的解决方案	0.3
3	课程目标3：掌握需求分析与预测相关方法，了解交通运输组织基本模型，能够利用相关方法分析处理数据	指标点4-3：能够综合运用交通运输相关基础与专业理论，选择合适的方法收集、分析处理与解释数据，通过信息综合得到合理有效的结论	0.2
4	课程目标4：了解国家、地方现有法律法规及相关制度，掌握当前交通运输组织方面的新工艺、新技术，具有能够制定、评价交通运输组织方案的能力	指标点6-2：能正确认识和评价道路交通运输等领域交通运输工程新产品、新技术、新工艺、新材料的开发和应用对社会、健康、安全、法律及文化的影响，并理解应承担的责任	0.2

续上表

四、教学内容及进度安排					
教学单元	教学项目	学习目标	课内学时	授课建议	支撑课程目标
1	运输系统总论	能够描述现代交通运输系统的概念、特征；了解运输组织基本框架，描述客货运运输生产过程；识记运输流程再造的概念和方法、运输市场结构；掌握运输产业双重特性；识记运输管制的概念及目的，掌握其方法。 思政内容：学生能够了解当下交通运输发展方向，充分体会交通强国战略的影响，从而产生强烈的行业自豪感、民族自豪感	3	多媒体讲授，案例分析	课程目标1、课程目标4
2	运输需求分析与预测	掌握运输需求的概念和特征等，重点掌握其内容和手段。 思政内容：学生能够充分了解国家及行业对解决交通拥堵问题作出的决策与实施的举措	3	多媒体讲授，讲练结合	课程目标1、课程目标2、课程目标3
3	交通运输资源配置与产品规划	掌握通道和运输线路规划的一般方法；识记运输场站与枢纽规划的原则，载运工具运用方式及其配置原则；掌握交通运输产品的层次结构及其规划过程，知道交通运输时刻表的表现形式。 思政内容：通过对“一带一路”倡议的介绍，使学生感受交通强国建设的魅力，同时感受我国团结协作的大国风范，从而产生强烈的民族自豪感	4	多媒体讲授，前沿介绍	课程目标1、课程目标2、课程目标4
4	交通运输能力	掌握交通运输能力的概念及其影响因素，了解运输能力计算的特点；能够用间断流、连续流计算的基本原理和方法进行计算；能够用公路交叉口通过能力、不同道路服务水平下道路通行能力的计算方法进行计算，掌握客货运站计算思路	6	多媒体讲授，讲练结合	课程目标1、课程目标2、课程目标3
5	旅客运输组织	描述旅客运输组织特点、基本原则和现阶段发展趋势；知道城际流的概念、特征及运班计划制订的基本思路；掌握城市公共交通系统的构成、规划和组织、运营方式；识记联合运输的基本概念和意义。 思政内容：使学生了解我国轨道交通（高铁、城市轨道交通）的发展状况，体会交通运输行业的飞速发展，提升对行业的认同感，从而增强民族自豪感	4	多媒体讲授，案例分析	课程目标1、课程目标2

续上表

教学单元	教学项目	学习目标	课内学时	授课建议	支撑课程目标
6	货物运输组织	能够描述货物运输组织特点、基本原则，知道其发展趋势；了解货物运输合理化的基本概念，知道不合理运输的表现形式；识记配送、物流的基本概念、功能要素及其关系，掌握货物多式联运概念、分类及其组织方法和条件。 思政内容：使学生了解交通运输行业发展方向，提升对行业的认同感，从而增强民族自豪感	4	多媒体讲授，案例分析	课程目标1、课程目标2、课程目标4
7	交通线网运输组织	识记交通运输流的概念及其要素，掌握不同要素间的函数关系，理解交通运输流理论的主要模型、道路跟驰模型基本原理，掌握交通运输流组织的基本原理；重点掌握道路交通运输流组织与控制的原理和方法	4	多媒体讲授，讲练结合	课程目标1、课程目标2、课程目标3
8	交通场站与枢纽运输组织	了解交通场站与枢纽设备合理分工因素和原则；能用自己的话说出不同性质场站的作业流程和作业项目；理解枢纽工作组织的基本原理。 思政内容：行业发展中团结协作及智能化作业的好处	2	多媒体讲授，案例分析	课程目标1、课程目标2
9	交通运输生产计划与运输调度工作	描述交通运输日常运输生产管理的内容；理解不同运输方式生产管理的特点和管理机构；了解港站、运输企业生产计划的内容和调度方法；掌握运输统计指标，并能够分析主要内容。 思政内容：行业发展中团结协作及智能化作业的好处	2	多媒体讲授，案例分析	课程目标1

五、课程评价与考核

序号	课程目标（支撑毕业要求指标点）	评价依据及其成绩比例（%）					成绩比例（%）
		考试	课程表现	作业	课程论文	讨论	
1	课程目标1：能够掌握交通运输生产的规划、组织、计划和管理的基本理论、方法及影响因素，重点掌握交通运输能力计算及交通流理论等主要模型原理及影响因素，形成对运输组织原理及其发展的总体认识	20	5	—	—	5	30
2	课程目标2：理解并能运用客货运运输组织、线网运输组织、枢纽运输组织等运输组织方式的概念、组织目的、组织方法及组织优化方式等完成运输生产组织方案	20	5	—	5	—	30

续上表

序号	课程目标(支撑毕业要求指标点)	评价依据及其成绩比例(%)					成绩比例(%)
		考试	课程表现	作业	课程论文	讨论	
3	课程目标3:掌握需求分析与预测相关方法,了解交通运输组织基本模型,能够利用相关方法分析处理数据	15	—	5	—	—	20
4	课程目标4:了解国家、地方现有法律法规及相关制度,掌握当前交通运输组织方面的新工艺、新技术,具有能够制定、评价交通运输组织方案的能力	15	—	—	5	—	20
合计		70	10	5	10	5	100

六、实验仪器设备要求

无

七、师资标准

①具有交通运输类专业或相关专业硕士研究生及以上学历。

②具有高校教师资格证书。

③熟悉本行业的生产技术情况及发展趋势,与行业企业保持紧密联系,能将企业的新技术、新工艺、新材料、新方法和新理论补充进课程。

④熟悉交通运输相关专业知识和相关理论,并能在教学过程中灵活运用;能担任交通运输相关的实习、实训指导工作。

⑤具备课程开发和专业研究能力,能遵循应用型本科的教学规律正确分析、设计、实施及评价课程。

⑥兼职教师要求:兼职教师应是来自企业一线的技术骨干,熟悉高等教育教学规律,熟悉交通运输线网规划、交通组织等内容,具有执教能力

八、教材选用原则

①选用的教材必须符合本专业人才培养目标及课程教学的要求,取材合适,深度适宜,分量恰当,符合认知规律,富有启发性,有利于激发学生学习兴趣,有利于学生知识、能力和素质的培养。

②选用教材必须以质量为标准。优先选用国家级和省部级规划教材、教育主管部门或教学指导委员会推荐的教材。

③优先选用近3年出版的新教材或修订版教材。

④选用的教材应体现科学性、先进性和适用性的有机统一,能反映本学科国内外科学研究和教学研究的先进成果,正确阐述本学科的科学理论,完整表达课程应包含的知识,结构严谨,理论联系实际,具有学科发展上的先进性和教学上的适用性。

⑤选用的教材应文字精练,语言流畅,文图配合恰当,图表清晰准确,符号、计量单位符合国家标准。

⑥教材中的工作任务设计要具有可操作性

2)新能源汽车技术课程教学大纲

新能源汽车技术课通过系统地介绍与新能源汽车相关的现代技术,包括我国的新能源汽车发展现状及趋势、电动汽车的分类、电动汽车关键零部件类型及结构原理以及新能源汽

车的先进技术等方面的内容，使学生理解发展新能源汽车的必要性，掌握新能源汽车技术及发展趋势，了解新能源汽车领域的理论前沿。通过该课程的学习，学生能够掌握电动汽车关键零部件技术和各类新能源汽车的结构、原理、设计理论，为今后从事相关工作打下理论基础，并为后续专业课程的学习奠定基础。

新能源汽车技术课程教学大纲见表4-21。

新能源汽车技术课程教学大纲 表4-21

<table>
<tr><td colspan="7">一、课程基本信息</td></tr>
<tr><td>课程编号</td><td>040207</td><td>课程名称</td><td>新能源汽车技术</td><td>授课学期</td><td colspan="2">第6学期</td></tr>
<tr><td>课程类别</td><td>专业必修课</td><td>课程性质</td><td>必修课</td><td>适用专业</td><td colspan="2">交通运输</td></tr>
<tr><td>开课院部</td><td colspan="2">汽车工程学院</td><td>课程负责人</td><td colspan="3">×××</td></tr>
<tr><td>课程团队</td><td colspan="6">×××、×××、×××、×××</td></tr>
<tr><td rowspan="2">总学时/学分</td><td rowspan="2">24/1.5</td><td rowspan="2">理论学时</td><td rowspan="2">24</td><td>实验</td><td colspan="2">0</td></tr>
<tr><td>上机</td><td colspan="2">0</td></tr>
<tr><td rowspan="2">先修课程</td><td>课程名称</td><td colspan="5">对先修课应知应会具体要求</td></tr>
<tr><td>汽车构造</td><td colspan="5">①掌握汽车的基本结构。
②掌握发动机的工作原理。
③理解发动机各工况对混合气成分的要求</td></tr>
<tr><td>后续课程</td><td colspan="6">对后续课程汽车保险与理赔、毕业设计(论文)等提供新能源汽车的关键零部件类型及结构原理、技术等方面的知识与能力基础，并能满足学生职业能力的培养要求</td></tr>
<tr><td colspan="7">二、课程简介</td></tr>
<tr><td>课程概述</td><td colspan="6">本课程主要讲授新能源汽车发展的必要性及发展现状、趋势，重点讲解车用动力电池和车用驱动电机的结构和工作原理，讲述纯电动汽车、混合动力汽车、燃料电池汽车的基础知识与原理，使学生对电动汽车储能装置、电动汽车电机驱动系统、电动汽车能源管理和回收系统、电动汽车充电技术，以及新材料和新技术在汽车上的应用有整体了解。为学生展示未来汽车发展的方向，增强学生的环保意识、创新意识，以拓展学生的知识面。
课程秉承成果导向教育教学理念，充分利用网络教学资源，立足于新能源汽车技术的实际需要，注重理论与实践的紧密结合，兼用启发式、互动式和讨论式等教学方法，体现学生主体作用</td></tr>
<tr><td>课程思政设计</td><td colspan="6">本课程以习近平新时代中国特色社会主义思想为指导，坚持知识传授与价值引领相结合，通过结合中国汽车工业发展史和我国自主汽车品牌的发展现状及民族企业精神，增强学生的民族自豪感；引导学生树立为中国汽车工业的快速发展贡献一份力量的远大理想，培养学生的家国情怀；培养学生对汽车的兴趣和爱好，激励学生端正学习态度，并培养形成敬业、精益、专注、创新等的工匠精神；培养学生树立正确的世界观、人生观和价值观，培养学生具有良好的思想品德、社会公德和职业道德</td></tr>
</table>

续上表

三、课程目标及对毕业要求指标点的支撑			
序号	课 程 目 标	支撑毕业要求指标点	权重
1	课程目标1:掌握电动汽车汽车动力系统设计的前向和逆向设计方法;发现、处理和解决新能源汽车的技术问题	指标点3-1:掌握汽车运用和保障、运输枢纽与场站设计、运输组织与管理的基本方法和技术,能够针对复杂交通运输工程问题制定设计目标和解决方案,了解影响设计目标和技术方案的各种因素	0.3
2	课程目标2:掌握新能源汽车分类、结构及各组成部件的结构与原理;能够运用知识分析新能源汽车的工作原理和结构特点	指标点4-1:能够综合运用交通运输相关基础与专业理论,对交通运输领域复杂工程问题进行研究,确定研究方案	0.3
3	课程目标3:掌握新能源汽车定义、分类及特点;理解发展新能源汽车的必要性;了解新能源汽车领域的理论前沿与发展动态。学生能以英语为工具,获得专业所需的信息	指标点6-2:能正确认识和评价道路交通运输等领域交通运输工程新产品、新技术、新工艺、新材料的开发和应用对社会、健康、安全、法律及文化的影响,并理解应承担的责任	0.2
4	课程目标4:了解有关新能源汽车的国内外发展状况及相应的政策支持,熟悉新能源汽车的发展对人类社会的影响,树立绿色交通的理论	指标点7-2:能正确理解和评价道路交通运输等领域复杂交通运输工程问题的工程实践对环境和社会可持续发展的影响	0.2

四、教学内容及进度安排					
教学单元	教 学 项 目	学 习 目 标	课内学时	授 课 建 议	支撑课程目标
1	新能源汽车概述;新能源汽车的定义和分类	了解气候变暖、环境污染、石油短缺带来的社会问题及国内新能源汽车的发展情况;掌握新能源汽车的定义、分类、特点和我国“三纵三横”发展路线、“十城千辆”发展方针	4	慕课自学,多媒体讲授,课堂互动	课程目标3、课程目标4
2	电池分类,电池的性能指标,铅酸电池、镍氢电池、锂离子电池、燃料电池的结构与原理	掌握电池的分类、电池的性能指标,了解电动汽车对动力电池的要求并会做简要分析;掌握铅酸电池、镍氢电池、锂离子电池和燃料电池的结构组成和工作原理,并通过分析其性能的优缺点,根据电动汽车的设计原则合理地选用电池类型	4	多媒体讲授,课堂讨论	课程目标1、课程目标2
3	直流电动机、无刷直流电动机、异步电动机、永磁同步电动机、开关磁阻电动机结构与原理	掌握电机驱动的三大原理,掌握直流电动机和无刷直流电动机的结构组成与工作原理;掌握异步电动机、永磁同步电动机的结构组成与工作原理;可以根据汽车设计要求,合理选用电动机的类型	4	多媒体讲授,慕课视频,实例讲解	课程目标1、课程目标2

续上表

教学单元	教学项目	学习目标	课内学时	授课建议	支撑课程目标
4	纯电动汽车参数系统设计、电池管理系统	掌握纯电动汽车的结构组成和工作原理;能够根据要求进行车辆动力系统参数匹配设计,确定电动机的功率、电池容量和变速器类型,并进行性能仿真研究;掌握影响纯电动汽车续驶里程的影响因素,了解其评价指标和数据采集系统的组成和功能	4	多媒体讲授,慕课视频,实例讲解	课程目标1、课程目标2、课程目标3、课程目标4
5	动力传动系统参数匹配、增程式电动汽车控制策略、建模与仿真	掌握增程式电动汽车的概念、结构组成与原理;了解增程式电动汽车主要控制策略;了解增程式电动汽车的特点及其优势	2	多媒体讲授,案例解析	课程目标1、课程目标2、课程目标3、课程目标4
6	混合动力系统设计、混合动力制动能量回收系统、混合动力电动汽车能量管理	掌握混合动力电动汽车的结构组成和工作原理;能够根据要求进行车辆动力系统参数匹配设计,确定发动机的功率、电动机的功率、电池容量和变速器类型,并进行性能仿真研究;了解制动能量回收系统的工作原理	2	多媒体讲授,课堂讨论,作业	课程目标1、课程目标2
7	燃料电池汽车基本结构、参数设计及其他新能源汽车	了解燃料电池的分类;掌握燃料电池电动汽车的组成和工作原理;了解燃料电池汽车的发展现状及趋势;了解其他新能源汽车的基本结构和动力系统的工作原理	4	多媒体讲授,作业	课程目标1、课程目标2、课程目标3、课程目标4

五、课程评价与考核

序号	课程目标(支撑毕业要求指标点)	评价依据及其成绩比例(%)				成绩比例(%)
		期末考试	平时表现	平时作业	课程论文	
1	课程目标1:掌握电动汽车汽车动力系统设计的前向和逆向设计方法;发现、处理和解决新能源汽车的技术问题	20	5	5	—	30
2	课程目标2:掌握新能源汽车分类、结构及各组成部件的结构与原理;能够运用知识分析新能源汽车的工作原理和结构特点	20	5	5	—	30

续上表

序号	课程目标(支撑毕业要求指标点)	评价依据及其成绩比例(%)				成绩比例(%)
		期末考试	平时表现	平时作业	课程论文	
3	课程目标3:掌握新能源汽车定义、分类及特点;理解发展新能源汽车的必要性;了解新能源汽车领域的理论前沿与发展动态。学生能以英语为工具,获得专业所需的信息	10	—	—	10	20
4	课程目标4:了解有关新能源汽车的国内外发展状况及相应的政策支持,熟悉与新能源汽车的发展对人类社会的影响,树立绿色交通的理论	10	5	5	—	20
合计		60	15	15	10	100

六、实验仪器设备要求

无

七、师资标准

①具有汽车类专业或相关专业硕士研究生及以上学历。

②具有高校教师资格证书。

③具有新能源汽车的研究工程背景,熟悉本行业的生产技术情况及发展趋势,与行业企业保持紧密联系,能将企业的新技术、新工艺、新材料、新方法和新理论补充进课程。

④熟悉汽车理论、汽车设计等相关专业知识和相关理论,并能在教学过程中灵活运用。

⑤具备课程开发和专业研究能力,能遵循应用型本科的教学规律正确分析、设计、实施及评价课程。

⑥兼职教师要求;兼职教师应是来自企业一线的技术骨干,熟悉高等教育教学规律,熟悉新能源汽车构造、工作原理、故障检测与维修、新能源汽车设计等内容,具有执教能力

八、教材选用原则

①必须依据本课程目标和学习成果要求标准编写或选用教材。

②教材应充分体现任务驱动、实践导向的教学思路。

③教材以完成典型工作任务为驱动,通过视频、实际案例和课后拓展作业等多种手段,使学生在各种教学活动任务中树立并加强对新能源汽车的认识。

④教材应突出实用性、开放性和专业定向性,应避免把专业能力理解为纯粹的技能操作,同时要具有前瞻性,把握本专业领域的发展趋势并及时纳入其中。

⑤教材应以学生为本,文字表述要简明扼要,内容展现应图文并茂,突出重点,重在提高学生学习的主动性和积极性。

⑥教材中的任务设计要具有可操作性

4.1.5.3 创新创业课程教学大纲

2012年8月1日,教育部办公厅下达《关于印发〈普通本科学校创业教育教学基本要求(试行)〉的通知》(教高厅〔2012〕4号)。文件指出:在普通高等学校开展创业教育,是服务国家加快转变经济发展方式、建设创新型国家和人力资源强国的战略举措,是深化高等教育教学改革、提高人才培养质量、促进大学生全面发展的重要途径,是落实以创业带动就业、促进高校毕业生充分就业的重要措施。2015年,国务院办公厅发布了《关于深化高等学校创

新创业教育改革的实施意见》(国办发〔2015〕36号),就深化高等学校创新创业教育改革提出了相关的实施意见,其中要求高校要健全创新创业教育课程体系,要“促进专业教育与创新创业教育有机融合”,要“面向全体学生开发开设研究方法、学科前沿、创业基础、就业创业指导等方面的必修课和选修课,纳入学分管理”;也要强化创新创业实践等。

交通运输专业按照“调研—规划—实施—反馈”(IPDF)改革实践的循环,建立健全第一课堂、第二课堂和学生自我教育体系三位一体的创新创业人才培养体系。结合专业特色,构建了涵盖创新创业必选课、创新创业任选课、创新创业公选课及实践环节的创新创业教育课程体系,把创新创业教育融入人才培养全过程,实现了创新创业教育与专业教育融合、理论与实践融合。

下面以“交通大数据分析与应用”课程为例,说明交通运输专业创新创业课程教学大纲的开发。

交通大数据分析与应用课程是交通运输专业教育与创新创业教育有机融合的一门课程,主要介绍大数据分析的相关方法、大数据在交通运输领域的应用与实践,该课程的教学大纲见表4-22。

交通大数据分析与应用课程教学大纲 表4-22

<table>
<tr><td colspan="6">一、课程基本信息</td></tr>
<tr><td>课程编号</td><td>040248</td><td>课程名称</td><td>交通大数据分析与应用</td><td>授课学期</td><td>第3学期</td></tr>
<tr><td>课程类别</td><td>专业选修课</td><td>课程性质</td><td>选修课</td><td>适用专业</td><td>交通运输</td></tr>
<tr><td>开课院部</td><td colspan="2">汽车工程学院</td><td>课程负责人</td><td colspan="2">×××</td></tr>
<tr><td>课程团队</td><td colspan="5">×××、×××</td></tr>
<tr><td rowspan="2">总学时/学分</td><td rowspan="2">16/1</td><td rowspan="2">理论学时</td><td rowspan="2">16</td><td>实验</td><td>0</td></tr>
<tr><td>上机</td><td>0</td></tr>
<tr><td rowspan="2">先修课程</td><td>课程名称</td><td colspan="4">对先修课应知应会具体要求</td></tr>
<tr><td>运筹学</td><td colspan="4">掌握运筹学的基本概念、基本原理和算法,具有用数学模型描述交通运输领域复杂工程问题并对其进行正确分析的能力</td></tr>
<tr><td>后续课程</td><td colspan="5">对毕业设计(论文)等提供交通大数据分析与处理的基础知识和能力</td></tr>
<tr><td colspan="6">二、课程简介</td></tr>
<tr><td>课程概述</td><td colspan="5">课程主要分析大数据交通、智慧交通、云计算交通、共享交通运输等发展,重点包括:大数据背景下交通运输产业格局重塑、大数据在交通运输领域的应用与实践、智能交通系统发展及应用、车联网颠覆传统汽车行业、共享经济下的智慧出行、共享单车助力中国经济转型等。
课程秉承成果导向教育教学理念,以讲授为主,辅以相关案例,以启发式、互动式和讨论式等教学方法,体现学生主体作用</td></tr>
<tr><td>课程思政设计</td><td colspan="5">通过课程学习,一方面增强学生对大数据在交通运输领域运用的认识,提升学生的社会责任感、创新意识和实践能力;另一方面,引导学生关注交通运输行业的发展新动向,培养学生对交通运输知识的学习兴趣</td></tr>
</table>

续上表

三、课程目标及对毕业要求指标点的支撑			
序号	课程目标	支撑毕业要求指标点	权重
1	课程目标1:基于对大数据交通已有文献、专著的总结和对西方国家发展大数据交通的案例分析,了解交通行业大数据应用和发展状况	指标点5-1:理解交通运输工程活动中获取相关信息的必要性与基本方法,能够运用相关资源进行文献检索和资料查询	0.5
2	课程目标2:通过分析大数据背景下交通产业格局重塑、大数据在交通运输领域的应用与实践、智能交通系统发展及应用、车联网颠覆传统汽车行业等,掌握大数据统计分析的方法及应用	指标点4-3:能够综合运用交通运输相关基础与专业理论,选择合适的方法收集、分析处理与解释数据,通过信息综合得到合理有效的结论	0.5

四、教学内容及进度安排					
教学单元	教学项目	学习目标	课内学时	授课建议	支撑课程目标
1	大数据时代概论	了解大数据时代交通运输产业未来新格局	2	多媒体讲授,小组讨论	课程目标1、课程目标2
2	大数据在交通运输管理中的技术应用与实践	掌握大数据交通运输体系架构与关键处理技术;了解城市交通大数据智能系统的典型应用;熟悉基于大数据的城市交通管理发展路径	2	多媒体讲授,小组讨论	课程目标1、课程目标2
3	大数据环境下智慧交通系统的应用研究	了解智慧交通系统的应用研究;掌握大数据时代的智慧交通系统架构	4	多媒体讲授,前沿介绍	课程目标1、课程目标2
4	车联网:大数据重新定义未来汽车产业	分析车联网大数据在汽车制造、智慧交通、车辆能耗排放监测中的应用,大数据对未来汽车产业的影响	4	多媒体讲授,讲练结合	课程目标2
5	共享交通:共享经济下的智慧出行模式	了解全球共享交通模式的发展及典型案例;分析私家车搭乘、拼车、租赁模式、汽车厂商共享汽车模式;了解共享单车的诞生、发展与经济学思考,了解共享单车模式的优势、存在问题与对策建议	4	多媒体讲授,案例分析	课程目标1、课程目标2

续上表

<table>
<tr><td colspan="7">五、课程评价与考核</td></tr>
<tr><td rowspan="2">序号</td><td rowspan="2">课程目标(支撑毕业要求指标点)</td><td colspan="4">评价依据及其成绩比例(%)</td><td rowspan="2">成绩比例(%)</td></tr>
<tr><td>期末考试</td><td>平时表现</td><td>平时作业</td><td>出勤</td></tr>
<tr><td>1</td><td>课程目标1:基于对大数据交通已有文献、专著的总结和对西方国家发展大数据交通的案例分析,了解交通行业大数据应用和发展状况</td><td>30</td><td>5</td><td>—</td><td>2</td><td>37</td></tr>
<tr><td>2</td><td>课程目标2:通过分析大数据背景下交通产业格局重塑、大数据在交通运输领域的应用与实践、智能交通系统发展及应用、车联网颠覆传统汽车行业等,掌握大数据统计分析的方法及应用</td><td>40</td><td>10</td><td>10</td><td>3</td><td>63</td></tr>
<tr><td colspan="2">合计</td><td>70</td><td>15</td><td>10</td><td>5</td><td>100</td></tr>
<tr><td colspan="7">六、实验仪器设备要求</td></tr>
<tr><td colspan="7">无</td></tr>
<tr><td colspan="7">七、师资标准</td></tr>
<tr><td colspan="7">①具有交通运输类专业或相关专业硕士研究生及以上学历。
②具有高校教师资格证书。
③熟悉本行业的工程需求情况及发展趋势,与行业企业保持紧密联系,能将企业的新技术、新方法和新理论补充进课程。
④熟悉汽车相关专业知识和相关理论,并能在教学过程中灵活运用;具备课程开发和专业研究能力,能遵循应用型本科的教学规律正确分析、设计、实施及评价课程。
⑤兼职教师要求:兼职教师应是来自企业一线的技术骨干,熟悉高等教育教学规律,熟悉交通大数据知识,具有执教能力</td></tr>
<tr><td colspan="7">八、教材选用原则</td></tr>
<tr><td colspan="7">①必须依据本课程目标和学习成果要求标准编写或选用教材。
②教材应充分体现任务驱动、实践导向的教学思路。
③教材以完成典型实例为驱动,通过视频、实际案例和课后拓展作业等多种手段,根据学习软件由浅入深的规律来组织编写,使学生在教学活动中容易接受和掌握。
④教材应突出实用性、可操作性和专业定向性,应避免把专业能力理解为纯粹的技能操作,同时要具有前瞻性,把握本专业领域的发展趋势,将实际物联网技术项目过程中使用的一些方法及时纳入其中。
⑤教材应以学生为本,文字表述要简明扼要,内容展现应图文并茂,突出重点,重在提高学生学习的主动性和积极性。
⑥教材中的任务设计要具有可操作性
参考教材:
赵光辉.大数据交通应用与发展研究[M].北京:中国社会科学出版社,2017.</td></tr>
</table>

4.1.5.4 集中实践教学环节课程教学大纲

集中实践教学环节旨在培养学生增强工程意识和社会意识,提高动手能力,熏陶科研素养。交通运输专业结合专业特点和人才培养要求,增加实践教学比重,确保专业实践教学必要的学分(学时);改革实践教学内容,改善实践教学条件,创新实践教学模式,增加综合性、设计性实践,倡导自选性、协作性实践;配齐配强实验室人员,鼓励高水平教师承担实践教学;加强实验室、实习实训基地和实践教学共享平台建设。交通运输专业设计的集中实践教学环节主要由课程设计类、生产实习和毕业实习、毕业设计(论文)、创新创业训练等环节组成。下面以运输组织学课程设计为例来说明集中实践环节课程教学大纲的制订。

运输组织学课程设计是交通运输专业运输组织学课程的延续,是为巩固、实践交通运输组织学理论,增强学生的运输组织能力和运输新产品设计开发能力而设置的一个综合性实践教学环节,一般是完成一项涉及该课程主要内容的综合性、应用性的设计、开发题目。该课程的教学大纲见表4-23。

运输组织学课程设计教学大纲 表4-23

<table>
<tr><td colspan="6">一、课程基本信息</td></tr>
<tr><td>课程编号</td><td>0400114</td><td>课程名称</td><td>运输组织学课程设计</td><td>授课学期</td><td>第5学期</td></tr>
<tr><td>课程类别</td><td>集中实践教学</td><td>课程性质</td><td>必修课</td><td>适用专业</td><td>交通运输</td></tr>
<tr><td>开课院部</td><td colspan="2">汽车工程学院</td><td>课程负责人</td><td colspan="2">×××</td></tr>
<tr><td>课程团队</td><td colspan="5">×××、×××</td></tr>
<tr><td rowspan="2">总学时/学分</td><td rowspan="2">1周/1</td><td rowspan="2">理论学时</td><td rowspan="2">0</td><td>实验</td><td>0</td></tr>
<tr><td>上机</td><td>0</td></tr>
<tr><td rowspan="2">先修课程</td><td>课程名称</td><td colspan="4">对先修课应知应会具体要求</td></tr>
<tr><td>运输组织学</td><td colspan="4">掌握运输组织的理论、方法</td></tr>
<tr><td>后续课程</td><td colspan="5">对毕业设计(论文)等提供运输枢纽与场站设计等方面所需要的知识和能力支撑</td></tr>
<tr><td colspan="6">二、课程简介</td></tr>
<tr><td>课程概述</td><td colspan="5">本课程为理论课运输组织学对应的课程设计,实践学时为1周,授课对象为交通运输专业学生。运输组织学课程设计主要针对运输组织学中的基本理论、知识进行综合利用,了解并掌握当下交通运输的新技术、新策略的更新与发展,对运输通行能力、场站布局、交通需求策略等交通运输工程环节进行分析、设计、优化。通过本课程的学习,学生能够就交通运输领域内的工程问题提出解决方案,同时深刻认识我国交通运输发展的新方向、新形势,从而产生强烈的民族自豪感。
课程秉承成果导向教育教学理念,充分利用网络教学资源,体现学生主体作用</td></tr>
<tr><td>课程思政设计</td><td colspan="5">通过对交通运输行业新发展、新成就等内容的理解,增强学生的民族自豪感,培养家国情怀;通过对相关工程问题的实践,明确运输组织的重要性,增加行业认同感</td></tr>
<tr><td colspan="6">三、课程目标及对毕业要求指标点的支撑</td></tr>
<tr><td>序号</td><td colspan="2">课程目标</td><td colspan="2">支撑毕业要求指标点</td><td>权重</td></tr>
<tr><td>1</td><td colspan="2">课程目标1:知识目标
①掌握运输需求管理的相关定义、措施知识。
②掌握交通运输能力计算及交通流理论等主要模型原理及影响因素,形成对运输组织原理及其发展的总体认识</td><td colspan="2">指标点4-1:能够综合运用交通运输相关基础与专业理论,对交通运输领域复杂工程问题进行研究,确定研究方案</td><td>0.3</td></tr>
</table>

续上表

序号	课程目标	支撑毕业要求指标点	权重
2	课程目标2:能力目标 ①掌握需求分析与预测内容,理解并能运用客货运运输组织、线网运输组织、枢纽运输组织等运输组织方式的概念、组织目的、组织方法及组织优化方式等设计、完成、优化运输生产组织方案。 ②了解国家、地方现有法律法规及相关制度,掌握当前交通运输组织方面的新工艺、新技术,具有能够制定、评价交通运输组织方案的能力	指标点3-2:能够根据道路交通运输等领域特定的需求,完成满足交通运输网络、货物(旅客)运输组织、运输场站与枢纽及车辆技术使用与管理的解决方案	0.4
3	课程目标3:素养目标 ①能够培养学生的团队合作能力、文献材料查阅能力。 ②有能力参加交通科技大赛等学术比赛,提高学生的创新能力	指标点9-1:能够理解团队中每个角色的含义及团队协作对于整个团队的意义,具有团队协作精神和全局观念	0.2
4	课程目标4:思政目标 ①课程过程中通过对交通运输业新发展、新成就等内容的学习,增强民族自豪感,培养家国情怀。 ②明确运输组织的重要性,增加行业认同感	指标点6-2:能正确认识和评价道路交通运输等领域交通运输工程新产品、新技术、新工艺、新材料的开发和应用对社会、健康、安全、法律及文化的影响,并理解应承担的责任	0.1

四、教学内容及进度安排

教学单元	教学项目	学习目标	课内学时	授课建议	支撑课程目标
1	交叉口通行能力计算	运用通行能力计算基本知识,能够对交叉口设计通行能力进行计算,评价交叉口通行能力水平,基于交通需求管理、旅客运输组织等内容,分析、评价交叉口现象,能够具备设计、分析、优化交通报告的能力	0.5周	小组完成、答辩	课程目标1、课程目标2、课程目标3、课程目标4
2	公共交通(公交车)线路满意度评价	能够运用旅客运输组织相关知识,设置调查问卷,对济南市公交车线路展开调查,整理分析调查结果,针对调查线路进行分析评价,并从交通需求管理、场站布局等运输组织学角度,对济南公共交通该线路(区域线网)提出意见	0.5周	小组完成、答辩	课程目标1、课程目标2、课程目标3、课程目标4

续上表

五、课程评价与考核					
序号	课程目标(支撑毕业要求指标点)	评价依据及其成绩比例(%)			成绩比例(%)
		团队合作	设计报告	答辩	
1	课程目标1:知识目标 ①掌握运输需求管理的相关定义、措施知识。 ②掌握交通运输能力计算及交通流理论等主要模型原理及影响因素,形成对运输组织原理及其发展的总体认识	5	15	10	30
2	课程目标2:能力目标 ①掌握需求分析与预测内容,理解并能运用客货运运输组织、线网运输组织、枢纽运输组织等运输组织方式的概念、组织目的、组织方法及组织优化方式等设计、完成、优化运输生产组织方案。 ②了解国家、地方现有法律法规及相关制度,掌握当前交通运输组织方面的新工艺、新技术,具有能够制定、评价交通运输组织方案的能力	5	25	10	40
3	课程目标3:素养目标 ①能够培养学生的团队合作能力、文献材料查阅能力。 ②有能力参加交通科技大赛等学术比赛,提高学生的创新能力	10	5	5	20
4	课程目标4:思政目标 ①课程过程中通过对交通运输业新发展、新成就等内容的学习,增强民族自豪感,培养家国情怀。 ②明确运输组织的重要性,增加行业认同感	—	5	5	10
合计		20	50	30	100
六、场所设施设备要求					
该课程设计需调查公交线路、交叉口客流量、交通枢纽周边基本情况,因此学生需外出,过程中应强调安全问题					
七、师资标准					
①具有交通运输类专业或相关专业硕士研究生及以上学历。 ②具有高校教师资格证书。 ③熟悉本行业的生产技术情况及发展趋势,与行业企业保持紧密联系,能将企业的新技术、新工艺、新材料、新方法和新理论补充进课程。 ④熟悉交通运输相关专业知识和相关理论,并能在教学过程中灵活运用;能担任交通运输相关的实习、实训指导工作。 ⑤具备课程开发和专业研究能力,能遵循应用型本科的教学规律正确分析、设计、实施及评价课程。 ⑥兼职教师要求:兼职教师应是来自企业一线的技术骨干,熟悉高等教育教学规律,熟悉交通运输线网规划、交通组织等知识,具有执教能力					

续上表

八、教材选用原则
本课程所用教材为国家级规划教材《运输组织学》(ISBN978-7-113-17006-6),杨浩主编,中国铁道出版社出版,2013年第二版

4.2 交通运输专业第二课堂构建分析

人才培养体系是为了实现预期人才培养目标,将一组相互关联的课程、第二课堂活动组合而成的整体。课程体系属于显性课程,由教师、学生和固定场所等要素组成,在规定时间、空间内完成规定教学内容的有目的、有计划的教学活动。隐性课程是指除此之外,能对学生的知识、情感、态度、信念和价值观等的形成起到潜移默化影响的教育因素,如第二课堂、有计划的社会实践活动等。学生最佳的学习效果需要丰富的社会、文化和物质环境配合,教育中最重要的培养目标,需要学生参与到诸如实习或社会实践等传统课堂之外的活动中才能得以实现。第二课堂作为学生生活的重要组成部分,具有重要的育人作用,如公益类活动可以培养学生良好的品德,体育类活动可以强壮体魄、磨炼意志等,表演艺术类活动能陶冶情感、培养学生面对大众的表现能力和沟通能力,科技类活动有助于学生探索个人兴趣……第二课堂是目前隐性课程的一种重要载体,能够弥补传统课堂在培养学生通用能力等方面的不足。

第二课堂体系和课堂教学功能分工不同,课堂教学以知识传授为主,训练的是学生的专业能力,第二课堂主要提升学生的职业能力和整体素质,实现自我成长力的提高,但两者的目标一致,都是为了实现专业的人才培养目标。第二课堂在性质上是课堂教学的补充、深化或扩展,两者应有机结合起来。

第二课堂体系作为第一课堂的补充和延伸,以培养大学生良好的思想道德品质、知识灵活运用和实践动手能力,锻炼学生发现问题、分析问题、解决问题的能力为目的,是构建大学生"知识—能力—素养"三位一体人才培养模式中的重要环节,也是培养大学生创新创业能力的重要组成部分。交通运输专业将第二课堂纳入人才培养体系,并设置了对应的学分要求,通过开展以专业为主题的、多种形式的第二课堂活动,强化学生创新意识,提升学生实践能力,从而形成了课内和课外整体的育人环境,促进了人才培养目标的实现。

构建的交通运输专业第二课堂模块构成见表4-24。

交通运输专业第二课堂模块构成分析 表4-24

序　号	活动类别	活动主要目的
模块一	思想政治教育类	培养大学生正确的世界观、人生观和价值观
模块二	教育管理类	培养学生良好的心理素质、行为习惯和健全的人格
模块三	社会工作类	培养学生的组织管理能力和奉献精神
模块四	社会实践类	帮助学生了解社会,培养学生社会适应能力
模块五	志愿服务类	培养学生奉献精神

续上表

序　号	活动类别	活动主要目的
模块六	文化艺术类	培养工科大学生的文化、艺术素质
模块七	体育类	增强学生体质
模块八	知识技能类	帮助学生巩固所学知识,增强学生实践能力
模块九	科技创新类	培养学生的创新意识和能力

交通运输专业的第二课堂安排及对应的学分要求见表4-25。

交通运输专业第二课堂安排及对应的学分要求　　表4-25

类别	序号	活动名称	活动性质		建议时间安排	学　分
			必修	选修		
思政教育与行为养成类	1	学校组织开展的重大节日、重要事件纪念活动	√		第一～第八学期	0.2×N
	2	党团组织主题教育活动	√		第一～第八学期	0.2×N
	3	团校培训、团内评优、推优入党		√	第一～第八学期	0.2×N
	4	政治理论学习、时事政治学习	√		第一～第八学期	0.1×N
	5	毕业就业创业及教育管理	√		第六～第八学期	0.2×N
	6	心理健康教育	√		第一～第八学期	0.2×N
	7	安全教育	√		第一～第八学期	0.1×N
	8	考风考纪教育	√		第一～第八学期	0.1×N
	9	"一日常规"教育(课堂出勤、早读、晚自习、宿舍、教室卫生管理、晚归管理)	√		第一～第八学期	0.5
	10	新生入学教育	√		第一学期	0.5
	最低修读学分					3
学术科技与创新创业类	1	全国大学生工程训练综合能力竞赛		√	第三～第六学期	参赛获奖加分细则具体参照《山东交通学院"第二课堂成绩单"学分认定及实施办法》和《汽车工程学院"第二课堂成绩单"学分认定及实施办法》
	2	CaTICs (Computer-aided Team & Individual Challenges)网络制图赛		√	第一～第八学期	
	3	全国应用型人才综合技能大赛		√	第一～第八学期	
	4	"互联网+"大学生创新创业大赛		√	第一～第八学期	
	5	大学生力学竞赛		√	第一～第四学期	
	6	中国大学生物理学术竞赛		√	第一、第二学期	
	7	全国大学生英语竞赛		√	第一～第六学期	
	8	全国大学生数学建模大赛		√	第一～第四学期	
	9	汽车知识竞赛		√	第一～第八学期	
	10	"挑战杯"中国大学生创业计划竞赛		√	第一～第八学期	
	11	全国大学生节能减排社会实践与科技竞赛		√	第一～第八学期	

续上表

类别	序号	活动名称	活动性质		建议时间安排	学分
			必修	选修		
学术科技与创新创业类	12	大学生机电产品设计大赛		√	第一～第八学期	
	13	大学生专利产品设计大赛		√	第一～第八学期	
	14	大学生学术科技立项		√	第一～第八学期	
	15	“挑战杯”全国大学生课外学术科技作品竞赛		√	第一～第八学期	
	16	ANSYS 有限元分析		√	第五～第八学期	
	17	大学生先进成图技能与创新大赛		√	第一～第四学期	
	18	大学生制图大赛		√	第一～第六学期	
	19	大学生车身设计大赛		√	第一～第八学期	
	20	大学生三维数字建模大赛		√	第一～第八学期	
	21	单片机应用设计大赛		√	第一～第八学期	
	22	大学生电子产品设计大赛		√	第一～第八学期	
	23	“飞思卡尔”杯全国大学生智能汽车竞赛		√	第一～第八学期	
	24	全国大学生机器人大赛		√	第一～第八学期	
	25	C 语言程序设计大赛		√	第一～第八学期	
	26	汽车保险技能大赛		√	第七、第八学期	
	27	汽车营销技能大赛		√	第七、第八学期	
	28	二手车评估技能大赛		√	第七、第八学期	
	最低修读学分					3
文体艺术与身心发展类	1	早操	√		第一、第二学期	0.2
	2	学校“知性雅居”系列活动	√		第一～第八学期	0.1×4
	3	学院教室文化节系列活动	√		第一～第八学期	0.2
	4	大学生职业生涯规划大赛		√	第一～第八学期	0.8
	5	学院手工品制作、创意大赛		√	第一～第八学期	0.2
	6	学校、学院国学比赛、读书活动、征文、演讲比赛等		√	第一～第八学期	0.2
	7	学校、学院合唱比赛、歌手大赛等		√	第一～第八学期	0.2
	8	学校“大学 ing”微博活动		√	第一～第八学期	0.2
	9	学院社团文化节系列活动		√	第一～第八学期	0.2
	10	学院文艺演出		√	第一～第八学期	0.2
	11	啦啦操比赛、拔河比赛、踢毽子比赛、冬季长跑、趣味运动会等趣味运动项目（班级比赛＋学院比赛＋校级比赛相结合）		√	第一～第八学期	0.2

续上表

类别	序号	活动名称	活动性质		建议时间安排	学分
			必修	选修		
文体艺术与身心发展类	12	篮球、足球、排球、羽毛球赛等球类项目(班级比赛+学院比赛+校级比赛相结合)		√	第一~第八学期	0.2
	13	田径运动会		√	第一~第八学期	0.1×4
	最低修读学分					1
社团活动与社会工作类	1	校学生会、校社团联合会、校大学生艺术团等校级学生组织成员的日常行为管理工作		√	根据学生干部每学期考核结果,考核合格及以上获得学分,或参与活动	0.4
	2	学院、班级学生干部日常管理工作		√		0.2
	3	学院青年志愿者协会等社团的日常管理工作		√		0.2
	4	学院年级团总支、学生会日常管理工作		√		0.2
	5	学院自律委员会日常管理工作		√		0.2
	6	学院分团委、学生会日常管理工作		√		0.3
	最低修读学分					1
社会实践与志愿服务类	1	大学生寒暑假社会实践活动、调研山东、专业调研等	√		寒暑假	0.1×N
	2	爱心献血活动		√	不定	0.3
	3	爱心捐款、义卖活动		√	不定	0.3
	4	爱心植树活动		√	不定	0.3
	5	红色景区志愿讲解员活动		√	不定	0.3
	6	火车站、汽车站志愿者活动		√	不定	0.3
	7	“关爱外来务工子女”活动		√	不定	0.3
	8	走进敬老院活动		√	不定	0.4
	9	交通协管活动		√	不定	0.4
	最低修读学分					1
技能证书及其他	1	注册动力工程师		√	不定	0.5
	2	英语四级证书		√	不定	0.5
	3	英语六级证书		√	不定	0.5
	4	俄语四级		√	不定	0.5
	5	计算机二级证书		√	不定	0.5
	6	计算机三级证书		√	不定	0.5
	7	汽车维修工三级职业资格证书		√	不定	0.5
	8	高级汽车维修师证		√	不定	0.5
	9	全国绘图员应用工程师		√	不定	0.5

续上表

类别	序号	活动名称	活动性质		建议时间安排	学分
			必修	选修		
技能证书及其他	10	普通话水平测试等级证书		√	不定	0.5
	11	机动车驾驶证		√	不定	0.5
	12	机动车检测维修工程师		√	不定	0.5
	13	二手车鉴定评估师		√	不定	0.5
	14	汽车装调工		√	不定	0.5
	15	商务英语(中级)证书		√	不定	0.5
	16	保险公估从业人员资格证书		√	不定	0.5
	17	汽车营销师		√	不定	0.5
	18	保险理赔师		√	不定	0.5
	最低修读学分					1
备注:第二课堂最低修读学分为10学分,《山东交通学院“第二课堂成绩单”学分认定及实施办法》所涉及的综合活动得分由学校统一制定,团队活动项目负责人加分执行按照该办法标准,团队其他成员加分不得高于项目负责人得分。其他未规定的活动学分认定按照《汽车工程学院“第二课堂成绩单”学分认定及实施办法》,同类活动得分不得高于《山东交通学院“第二课堂成绩单”学分认定及实施办法》所规定的同类别活动得分						

4.3 交通运输专业学生自我成长体系构建分析

人才培养体系的第三部分是学生自我成长体系,自我成长是德育的一种方法,是指受教育者以一定的世界观和方法论,认识主观世界和教育自己的全部过程。即个体以自己已经形成的思想品德为基础,提出一定的奋斗目标,监督自己去实现这些目标,并评价自己实践结果的过程,让学生在自我教育过程中实现自我成长。自我成长是人才成长的关键。自我成长至少有两个层面,一是对别人教给你的知识的学习,如对老师讲授的知识由不会到会的演进;二是自我拓展的学习和内省性思考体验,这往往是人生成长难以离开的旋律,将自觉的学习镶嵌于持续的自我教育之中,会更加清晰人生的主题。按照以学生为主体、教师为主导的原则,依据培养目标,设计多个学生自我成长项目,如任课教师推荐与该课程相关的书籍或杂志,供学生自觉阅读;要求学生按活动分类参加不少于一定数量的第二课堂活动,同时可要求学生获得一定的活动学分,活动学分不作为学生毕业的具体条件,但可作为学生就业时的推荐学分。

1)构建目标

①大学生能认识到自己的兴趣、爱好、价值观,明确自己的学业目标。

②大学生能根据专业人才培养方案并结合个人的目标定位,制定合理科学的职业生涯规划。

③大学生能增强自我管理意识,加强自我监督,并能根据不同年级的特点,结合自己的

职业生涯规划进行自我评价。

④大学生能够根据自我评价和规划目标进行反思,修正目标或实现途径。

⑤通过自我成长体系,学生根据自身特点、时代特点能更好地实现自身的成才发展。

2)自我成长体系构建的主要内容

自我成长体系以学生自我教育为主体,以教师引导为辅助。自我教育体系既独立于第一课堂和第二课堂,又和第二课堂有着千丝万缕的联系。

(1)第一课堂方面。

①任课教师在完成一门课程的教学任务时,给学生推荐与该课程相关的书目或论文论著供学生选读。

②提出与该课程相关的课题供学生思考、探索。

③介绍与专业相关的企业让学生观摩调研。

④根据班级学生的学习状况合理划分学习小组,组建帮扶、互学对子。

(2)第二课堂规定的部分选修内容。

在构建的第二课堂体系中,给学生提供了详细的菜单式内容供学生选择,并且向学生明确了达到毕业要求的最低目标。在学生达到了最低目标要求后继续在菜单中选择并取得成果,应该成为自我教育体系中的一部分。

(3)学生自我成长方面。

①不断提高自己的思想政治素质与品德修养,例如:定时收听收看新闻联播;关注、学习党和国家的路线、方针、政策;自觉研读党的理论著作;社会公德的自我修炼与养成。

②提升人文艺术素养,促进身心健康发展,例如:了解、学习中国传统文化;学习、研究国学文化;阅读中外文学名著;培养艺术兴趣,锻炼艺术特长;自觉加强和坚持体育锻炼;培养自我心理调节能力,自我挫折教育与锻炼……

③增强创新思维意识,促进创业能力提升,例如:尝试开展小发明、小创造、申请专利等活动;创新创业成功经验的交流与学习(创业讲坛、交流座谈);创业思维的训练与创业能力的锻炼;参与教师的课题研究;良好学习习惯的养成与学习能力的提高……

④培养社会责任意识与奉献精神,例如:主人翁意识的培养与锻炼(如班级、宿舍的任务);学生会、社团工作锻炼;企业调研与实践锻炼;更多地参与、参加社会服务;社会兼职……

⑤提升从业能力,养成职业素养,例如:沟通、演讲、谈判、写作等能力的培养与锻炼;竞争意识、集体荣誉观念、团队合作意识的养成;爱岗敬业精神的自我修炼与养成;专业知识的拓展和专业技能的锻炼与提高。

3)促进学生自我成长的方法和途径

①通过教师教育引导激励大学生的主观能动性,自觉进行自我教育。

②提供有利于学生自我教育的条件、环境,如校内外实践基地等。

③通过朋辈教育、专家讲座引导学生自我教育。

④发挥榜样的作用,对自我教育取得优异成绩的学生进行表彰。

⑤帮助学生建立自我教育的主渠道,便于学生明确自我教育方向。

4）自我成长体系的评价

①写实性评价，建立统一管理平台，忠实完整地记录学生参与第二课堂活动等自我教育活动取得的成绩，生成详尽的成绩单并放入毕业生档案。

②有关组织、单位出具的证书或写实性材料。

③学生自述与组织评价相结合。

大学生自我成长体系观量表见表4-26。

大学生自我成长体系观量表 表4-26

自我教育设定内容	实施时间	第一学年		第二学年		第三学年		第四学年	
		上学期	下学期	上学期	下学期	上学期	下学期	上学期	下学期
思想政治素质与品德修养	目标								
	方案								
	成效								
学业方面	目标								
	方案								
	成效								
社团工作、社会实践方面	目标								
	方案								
	成效								
创新思维意识与创业能力	目标								
	方案								
	成效								
从业能力提升与职业素养养成	目标								
	方案								
	成效								
人文艺术素养与身心健康发展	目标								
	方案								
	成效								
其他	目标								
	方案								
	成效								

第 5 章

交通运输专业人才培养体系实施

基于成果导向教育人才培养体系的实施强调通过课程教学,能否让学生达到规定的毕业要求,从而实现人才培养目标。该过程是人才培养体系的执行与落地阶段,根据人才培养体系中每个教学活动和其支撑的毕业要求指标点之间的对应关系,教师在教学中首先要明晰教学活动应承担的毕业要求培养任务,并围绕承担的毕业要求实施教学活动,采用合理的考核方式和达成评价方法,获取学生各项能力达成与否的评价数据和评价结果,及时调整教学活动。教师教学活动的实施又需要依托相应的教学条件与教学资源,并通过一定的教学方法,帮助学生达到课程目标规定的预期学习成果。因此,人才培养体系在具体实施时,应从师资队伍建设、教学条件与教学资源建设、教学方法改革等方面保障实施的精细化。

5.1　应用型人才培养下的师资队伍建设

教师队伍的质量决定了课程教学的成效。交通运输专业顺应教学改革与课程建设的需要,对教学队伍进行不断的充实和完善。依据“立足培养、加大引进、培育团队、成就名师”的师资队伍建设思路,建立促进教师资源合理配置和优秀人才脱颖而出的有效机制,通过人才培养与引进,实现教学团队人员间稳妥的新老交替,逐步建立起一支结构合理、专兼职教师比例适当、教学与科研并重的老、中、青三结合的教学团队,能够有效支撑学生预期学习成果的达成。

1)青年教师培养

实行青年教师导师制,促进青年教师迅速成长;鼓励和引导教师通过各种方式更新教育观念,提升教学和应用科学研究能力,加大青年教师的培养力度;加强“双师型”教师的培养,鼓励年轻老师走到企业一线,深入实践,提高技能水平和工程实践能力。

2)校企联合共建教学团队

积极与企业开展校企教学团队建设,积极将行业企业一线的高水平技术骨干和管理人员作为兼职教师吸收进教学团队,参与专业培养方案的制订,并承担相应的教学或实践指导任务。

3)“双师型”教师队伍建设

在交通强国国家战略和新工科建设行动计划背景下,交通运输专业的发展要求教师具有一定的工程实践经验。交通运输专业课程的实践性比较强,在教学过程中涉及大量的实际工程案例和实验实训,不仅要求教师具有专业的理论知识,还要求教师具有一定的实践能力、创新能力和理论联系实际的能力。因此,课程实际要求交通运输专业的教师成长为“双师型”教师。

交通运输专业“双师型”教师队伍的培养可以分为两种途径：一是选派有潜力的教师在国内进行培训或出国进修，二是引进兼职教师。一方面，安排教师到企业生产建设的前线进行实习和技术咨询服务，通过真实的情景解决问题，提高技能。另一方面，学校拓宽人才引进的渠道，从企业引进技术人员和管理人员，使之能胜任实践教学的需要；也可以聘请相关企业的技术骨干到学校担任兼职教师，即建设一支专兼结合、校企两用的教师队伍，充分开发和利用好校内校外两种资源，借此提升实践教学教师队伍的素质，改善教师队伍的结构。

5.2 交通运输专业教学资源与教学条件建设

教学资源与教学条件是教学目标达成所必需的资源依托和条件保障，是高质量、高效益达成应用型人才培养目标的保障。教学资源与教学条件建设的主要作用是组织、协调与利用必要的人力、物力与财力，保障教学活动实施所需要的教学环境，主要包括课程教学资源、实验室、实习基地等。应加强教学环境建设，提高教学环境对应用型人才培养的支撑度。

5.2.1 课程教学资源建设

为了提高学生的学习效果，运用“学教并重”的教学设计理论，既充分发挥教师主导作用又突出体现学生主体地位，为此，交通运输专业开发了大量的教学资源，具体包括组织和鼓励团队成员合作编写适合应用型人才培养要求的立体化教材；建设精品课程、双语示范课程、微课、MOOC(慕课)等教学资源，形成丰富的立体化教学资源；建立和完善与课程相关的习题库和试题库；开发案例库，提高学生工程应用能力；建立团队网站，实现课程上网、优质教学资源共享，促进师生互动、生生互动。

1)数字教学资源建设

加强体现专业特色的教学参考书、学习指导书、实验和实践课教材、多媒体教学课件、电子教案、教学资源库、习题库等的配套教辅资料建设。

结合现行行业规范、规程，编写与运输系统规划与设计、运营组织与管理、车辆运行安全与技术保障等需求接轨的课程实验、课程设计、毕业实习、毕业设计等系列指导书，突显应用型能力培养；搜集制作运输组织学、运输企业管理、汽车构造、汽车运用等方面的视频资料，丰富、更新教学资源。结合 PPT 课件、动画视频、授课录像、测试习题集、网络课件、相应软件进课堂，丰富数字教学资源建设，融合创新教学方法。

2)应用型教材编写

坚持选择优秀统编规划教材与自编教材相结合的原则，结合我国高校应用型人才培养转型机遇，出版了十余本有特色、高质量的应用型教材，实现精品课程、教学研究、教材出版和教学资源库建设协调发展。

3)网络教学资源建设

(1)微课、慕课建设。

2015 年，交通运输专业的汽车保险与理赔、汽车电气设备两门课程获批校级慕课建设项目,交通运输专业获批专业核心课程慕课课程群。目前,交通运输专业已经完成了专业核心课程的慕课建设,其中有 8 门课程已在山东省高等学校在线开放课程平台上线,为教师实施线上线下混合式教学提供了基础。

(2)网络教学平台。

为便于学生自学及远程学习,交通运输专业多门课程将网络信息化教学作为辅助教学手段,打破了传统教学在时间和空间上的限制,可使学生在任何时间、任何地点,通过网络进行自主学习。

山东交通学院的网络教学综合平台为交通运输专业的教师和学生提供了强大的施教和学习的网上虚拟环境。利用该平台,教师可以将课程教学资源包括课程质量标准、预期学习成果实施计划、电子教案、电子课件等上传至课程网站,供师生共享,并让更多的学生能够根据自己的情况随时通过网络利用优质的教学资源,使学习更有针对性,提高学习效果和质量。同时,还将在网上开辟"课题教学""信息发布""网上辅导""自测题库""论坛"等栏目,为学生和教师提供一个良好的学习、交流环境。教学平台成了师生沟通的桥梁。

(3)校级、省级精品课程网站。

充分利用校级、省级精品课程网站,将数字化资源(如 PPT 课件、图片库、文本资料、视频资料等)建设成网络资源库供学生课下学习,充分发挥了学生的学习自主性。

5.2.2 实践教学条件建设

配置完善的实验室和实习基地,以有效支撑实践教学,形成教学、实践、培训一体化的应用型人才培养机制。将理论知识与实践技能训练通过实习实训相结合,强化学生知识应用、知识转化和技能操作等实践应用能力的培养。交通运输专业采取的具体措施包括:积极开展实践教学改革,提高设计性综合性实验比例,促进学生对专业技能的进一步组合、综合和创新应用;引导学生提前进入实验室和实训基地,进行研究性学习和创新创业训练,培养学生在实践中发现、分析、解决问题的能力;开展丰富的实训活动,筛选与课程体系相关的科研实践项目、自主创新活动和学科竞赛项目,并将其与课程体系、课程内容和教学改革紧密结合,在教学中渗透其相关内容,提高学生的实践能力和创新能力;重视实验和实践性教学,改革实践教学内容,改善实践教学条件,建设实验室、实习实训基地、虚拟仿真实验室。

1)校内实验室建设

结合学校新建的工程训练中心,重点建设了汽车电气设备实验室、汽车检测诊断维修实验室、汽车零部件检验实验室等 6 个实验室,加强专业技能针对性训练,提高学生适应工作岗位的能力,满足不同就业岗位对技能培养的要求。校内工程训练实验室建设见表 5-1。

校内工程训练实验室建设一览表 表 5-1

实验室名称	建设目的
汽车电气设备实验室	主要为学生进行汽车电气设备构造研究、性能检测、故障诊断与维修等方面的试验提供条件
汽车检测诊断维修实验室	承担汽车检测、诊断与维修方面的试验;将教学与科研相结合,提供学生学习和教师科研的平台

续上表

实验室名称	建 设 目 的
汽车零部件检验实验室	主要为学生进行汽车零部件形位误差检验、金属裂纹检验、金属零部件内部缺陷检验、汽车零部件平衡检验与校准等方面的实验实训项目提供条件；还可提供对曲轴、连杆及转向节等重要零部件隐伤检验等方面的社会服务
汽车燃润料实验室	主要支撑交通运输专业汽车运用工程课程，主要为学生进行汽车燃料、润滑材料的性能测试等方面的试验提供条件；另外还可以对外提供汽车燃润料质量检验服务
汽车整形与测量实验室	作为教学平台，承担起轿车车身变形测量与矫正方面的试验任务；为教师科研和学生科技创新活动提供试验平台
汽车电子电控实验室	该实验室支撑的课程主要是交通运输专业的汽车测试技术和 LabVIEW，为教师科研和学生科技创新活动提供试验平台

另外，建设理实一体化教室，集多媒体教学、现场教学、学生动手实践与互动考核测评于一体，加强对学生动手实践能力的培养。

2)校外实习实训基地建设

为了培养满足社会企业需求的实践性人才，交通运输专业教师积极邀请企业参与到专业教学中来，在实际教学中以企业的需求为导向，与相关企业建立产学研发展战略合作，加强与企业的深入合作，让企业参与专业人才培养计划的修改、课程开设的调整、实验教材的编写、学生实践能力的指导，切实将“新工科”教学理念落实到交通运输专业的教学过程中。

产学研合作人才培养。交通运输专业与当地公司或企业以校企合作等模式建立产学研合作平台，一方面，企业为教师工程实践和科研工作提供场所和渠道，促进教师专业能力的提升，另一方面，为学生打造了一个可以与社会企业接轨的仿真实训平台。同时可统筹各方面的资源，建立能够提高学生实践能力的实习基地，学生能够学以致用，提高教学质量，也为学生实习、就业提供了双向选择的机会。另外，学校还可以对企业人员进行业务培训，提高企业技术人员的整体素质和业务能力，为企业发展提供人力资源支撑。

5.3 基于成果导向教育的课程教学

基于成果导向教育的课程教学，首先应立足课程教学目标，以有效帮助学生达成课程教学目标所预期的学习成果为主线，进行课程教学策略与方案的设计。其次，紧扣课程教学目标的达成，结合学习者的学习特性与课程教学内容的选择，设计支撑教学目标达成的主要途径，包括所依托的教学环节，以及各环节拟采用的教学策略与形式、方法与手段。再次，教师要立足于课程教学目标的达成，采用合理的考核方式和达成评价方法，获取学生各项能力达成与否的评价数据和评价结果，及时调整自己的教学活动。

5.3.1 课堂教学模式改革

为了推动交通运输专业的教学改革，优化教学效果，提高教学质量，在课程教学中，改变传统的教育观念，形成“以学生为中心”的教学理念和“以问题为中心”的“互动教”“主动学”的教学新模式。充分利用计算机、投影等现代化教学媒体，采用现代化教学手段，如慕课、网络教学、QQ讨论群、翻转课堂等多种现代教学模式辅助教学。通过对教与学过程和教与学资源的设计、利用和管理，探讨研讨式教学驱动学生开展自主学习的教学方式，从而激发学生的学习兴趣，帮助学生形成科学的思维方法，培养其独立开展科研实践创新的能力，实现教学优化的目的。定期开展教学改革研讨会，提高教师运用多种教学方法、教育资源实现预期学习成果的能力，实施翻转课堂、案例教学法、线上线下混合式等教学方法改革，体现成果导向教育理念。

1)多媒体教学模式

多媒体教学是指在教学过程中，根据教学目标和教学对象的特点，通过教学设计，合理选择和运用现代教学媒体，并与传统教学手段有机组合，共同参与教学全过程，以多种媒体信息作用于学生，形成合理的教学过程结构，达到最优化的教学效果。为了提高教学质量，要求教师在教学方式上应灵活处理，不要拘泥于单调的传统教学方式，要具有一定的时代性，能够与现代社会的流行趋势接轨。因为学生所接触的都是新鲜事物，并且具有一定的好奇心，愿意尝试新事物，所以应打破传统，充分利用现代化的教学设施，如多媒体软件、音频、视频等，提升学生的学习兴趣。此外，多媒体教学可以更加直观地将理论知识形象化，更容易被学生所接受。

与传统教学方式相比，多媒体教学具有以下优点。

(1)多媒体教学丰富了教学内容，提高了学生的学习兴趣。

在多媒体教学中，教师不仅可以利用课件(PPT)向学生讲授课程的基本知识和基本理论，而且可以利用实物展示台或课件(PPT)中的链接功能向学生展示与教学内容相关的国内外的新信息、新动态、新观点、新数据等，从而极大地丰富教学内容，拓宽学生的视野。同时，它使一些在传统教学手段下很难表现的教学内容或无法观察到的现象，通过计算机形象、生动、直观地显示出来，从而加深学生对问题的理解，提高其学习积极性。另外，多媒体教学可使原来枯燥抽象的学习内容通过图形、动画等表现形式而变得直观易懂。

(2)多媒体教学大大增加了课堂信息量，提高了教学效率。

随着学校逐渐向学分制改革，很多课程学时减少。与传统的教学方式相比，利用多媒体技术进行教学，授课教师可以在相同的教学时间内向学生讲授更多的内容。多媒体教学不仅能把知识更多、更快地传授给学生，节约了时间，加快了教学节奏，成为解决学时矛盾的重要途径，还增加了容量，有效地提高了课堂教学效率。

(3)多媒体教学可使教师更多地关注课堂教学内容的组织和讲授。

多媒体教学大大减少了教师板书的时间，从而节省出了更多的课堂时间来向学生传递更多的信息，集中精力于课堂教学内容的组织和讲授，提高了教学效率。对学生来说，在同样的课时里不但可以接收到更多的知识，而且接收的知识更容易理解、消化，学习效率也得到了提高。

在交通运输专业的课程教学中，转变传统的以教师为中心的教学方法，推进教师转变教学观念，改革课程教学方式和学生学习方式，积极探索以多媒体技术为支撑的课程教学模式，采用以课件(PPT)为主、动画视频为辅的多媒体教学手段，将课件和动画视频相结合，一体化推进课堂教学。

2)线上线下混合式教学模式

慕课(Massive Open Online Courses，MOOC)作为“互联网+教育”的产物，将网络工具和各种形式的数字化资源整合起来，形成了多元化的课程资源，突破了传统课程时间、空间和人数的限制，为教师探索和深化课程教学、创新课堂教学模式提供了基础。

交通运输专业充分利用已在山东省高等学校在线开放课程平台上线的课程资源和中国大学MOOC网等课程资源，实行线上线下混合式教学模式。这种教学模式，能够让学生在参加面对面课堂学习的同时，还可以利用线上丰富的教学资源进行网上自主学习，实现个性化的学习目标。

下面以汽车电气设备课程为例，说明线上线下混合式教学模式的实施过程。

(1)课程教学方案设计。

按照成果导向教育理念的反向设计原则进行课程教学设计，如图5-1所示，以课程的最终学习成果为起点，反向设计课程，开展教学活动。

首先根据课程支撑的毕业要求指标点设计课程教学内容和教学方式，使得整个教学设计与教学实施都紧紧围绕促进学生达到学习成果(毕业要求)来进行。充分利用MOOC、翻转课堂等教学手段，将教师教学与学生自学相结合，开展线上线下混合式课堂教学。同时，改变传统的课程考核方式，根据课程特点，选择或设计与课程或教学活动相匹配的、更科学的课程评价方式，构建能够贯穿授课全过程的课程考评体系。获取学习的各项学习成果，立足毕业要求达成评价，对课程教学质量进行评价并持续改进。由图5-1可以看出，整个课程教学设计模型呈一个闭环系统，课程教学设计清晰地聚焦了学生的预期学习成果。

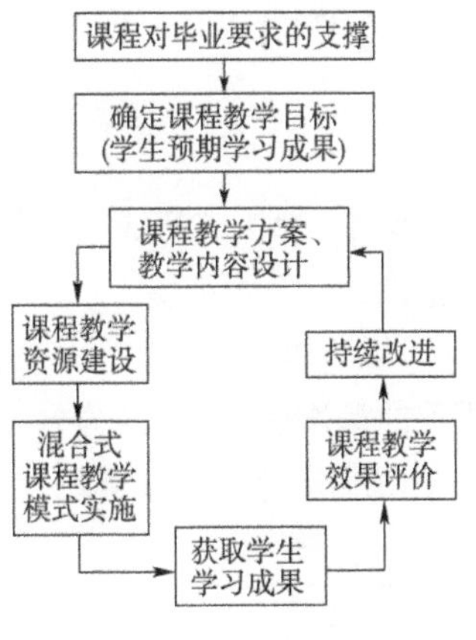

图5-1 成果导向教育理念下的课程教学设计

(2)混合式教学过程。

利用已在山东省高等学校在线开放课程平台上线的汽车电气设备MOOC资源，实行线上线下混合式教学。

基于成果导向教育理念，依据课程学习目标，调整优化课程教学内容，划分学生利用线上学习资源自学内容与教师讲授内容，对线上学习任务进行精心设计，对讲授内容设计有效的教学策略及互动方式，以提高教学成效。

充分使用课程平台等在线工具，开展线上测验、作业、考试、答疑、讨论等教学活动。

在混合式教学过程中，课程主要采用“课前—课中—课后”三阶段式翻转课堂的教学方法。以“教师引导、学生主体”为原则，利用线上线下的资源，鼓励自主探究，实现全过程跟踪反馈、学习评价及持续改进，如图5-2所示。

下面通过教学案例——汽车起动系统控制电路对课程教学实施进行详细说明。

课前：教师通过网络平台发布学习任务，学生结合教材观看MOOC视频、自学PPT、辅助资源，以及进入实验室进行实物认知等，完成起动系统控制电路小组作业；教师根据学生课前任务完成情况进行有针对性的备课。

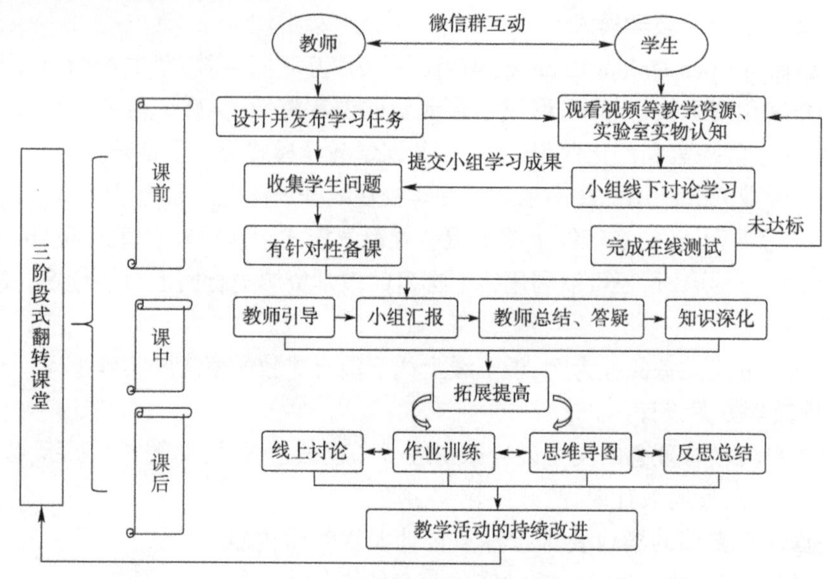

图 5-2　三阶段式翻转课堂教学方法

课中：学生进行成果汇报、主题讨论、实践训练等，教师主要讲授重难点知识、知识的延伸拓展，并答疑解惑。

课后：通过作业、线上交流讨论、思维导图整合知识点、反思总结等进行巩固提高，增强课程的深度和广度；并为教学设计的持续改进提供依据。

该部分的具体教学设计见表 5-2。

汽车起动系统控制电路教学设计　　表 5-2

<table>
<tr><td>课题内容</td><td colspan="5">汽车起动系统控制电路</td><td>授课时间</td><td>45 分钟</td></tr>
<tr><td rowspan="2">专业班级</td><td rowspan="2">汽运 181-2</td><td rowspan="2">授课教材</td><td rowspan="2" colspan="1">王慧君主编《汽车电气设备》
（人民交通出版社出版）</td><td>课时</td><td>1</td><td rowspan="2">授课类型</td><td rowspan="2">新授课</td></tr>
<tr><td>学生数</td><td>85</td></tr>
<tr><td>教学理念</td><td colspan="7">汽车电气设备是交通运输专业的核心专业必修课，起动系统控制电路则是教材第四章第五节的内容。起动系统控制电路的分析是章节的教学重点和难点，结合生活经验，分析带有继电器和带有复合继电器起动系统控制电路的基本工作过程，在此基础上，会绘制其电路简图。
课程基于应用型人才培养目标，采用混合式教学模式，基于成果导向教育和“授人以鱼不如授人以渔”的教育理念，采用小组教学、课堂研讨、边讲边练、同伴讲评等多种翻转课堂新形式，达到知识内化、高阶思维能力提升的目的，同时将创新意识和创新思维方法融入其中，并通过国内外汽车电气设备的发展对比，引导学生认清差距，激发学生心怀使命、科技报国的担当精神和脚踏实地的奋斗精神，达到课程思政的目的</td></tr>
<tr><td rowspan="2">学情分析</td><td>教学对象</td><td colspan="6">交通运输专业本科三年级学生</td></tr>
<tr><td>学生特点</td><td colspan="6">课程开设在大三上学期，处在基础课向专业课转化的衔接阶段，此阶段学生掌握了扎实的基础理论知识，但知识运用能力和动手能力较弱。根据学生特点，授课时采用因势利导的方法：即首先提出要解决的问题，然后分析解决该问题需要用到的知识和方法，并举一反三，培养学生运用所学知识解决工程实践问题的能力</td></tr>
</table>

续上表

<table>
<tr><td rowspan="3">教学目标</td><td colspan="2">【知识目标】掌握起动系统控制电路的组成和基本工作原理</td></tr>
<tr><td colspan="2">【能力目标】具有运用电路图分析汽车电路基本工作情况的能力,能绘制电路简图</td></tr>
<tr><td colspan="2">【素质目标】由控制电路的对比分析,理解创新思维方法,具有一定的创新意识;能够认识到科学技术是第一生产力,具有科技报国的担当精神</td></tr>
<tr><td>教学重点</td><td colspan="2">起动系统控制电路的组成和基本工作原理</td></tr>
<tr><td>教学难点</td><td colspan="2">在理解起动系统工作原理的基础上,绘制并能分析其电路简图</td></tr>
<tr><td rowspan="2">教学方法</td><td>教法</td><td>坚持“以学生为主体,教师为主导”的教学理念,采用小组教学和探究式教学法教学</td></tr>
<tr><td>学法</td><td>采用自主学习(线上)+合作探究(线下)的学习方式</td></tr>
<tr><td colspan="3">课程资源、参考资料及教学工具</td></tr>
<tr><td colspan="3">课程资源:
①智慧树平台 MOOC 视频:起动系统控制电路,供学生线下学习。
②多媒体课件:起动系统控制电路,提前上传至智慧树翻转课程平台,供学生下载用以提前预习和课后复习。
③共4个补充视频:起动系统操纵机构、起动原理、起动系统工作原理和带有起动继电器的起动系统。将4个补充视频提前上传至智慧树翻转课程平台,作为知识点的补充资源,供学生下载用以提前预习和课后复习。
④知到 App;在智慧树平台发布预期学习成果要求,发布课前学习任务及作业。
⑤纸质及电子教案。
参考资料及教学工具:
①凌永成,李淑英. 汽车电气设备[M].3 版. 北京:北京大学出版社,2016.
②边焕鹤. 汽车电器与电子设备[M]. 北京:人民交通出版社,2011.
③《汽车电器》期刊
④CNKI 中国期刊全文数据库
⑤汽车起动系统控制电路示教板</td></tr>
<tr><td colspan="3">课堂教学及学生动态记录(根据每堂课的学生课堂实际情况总结记录):
在学生课前已完成相关学习任务的基础上,首先进行本次课内容概述,介绍课程内容对毕业要求指标点的支撑,明确本次课学生的预期学习成果要求,展示课前学生的线上学习数据。然后采用翻转课堂的形式,随机抽取3组同学进行课前学习成果展示,该过程中,教师在倾听的同时,对其进行科学、合理的引导;展示结束后,学生们就该内容进行讨论,教师答疑。翻转课堂激活了学生的主体意识,课堂气氛活跃。随后,采用课堂研讨的形式,教师引导学生绘制控制系统电路简图,提升线上学习成果,讨论过程活跃激烈。为实现知识迁移,增强课堂学习深度,教师提出生活中常见的起动系统故障,让学生以讨论的方式分析故障原因,提出解决方法,学生们能够认真思考、积极讨论、踊跃回答。最后,教师布置作业:课下查询起动系统方面的专利、系统改进的案例等,从而加深学生对本节课知识点的理解和掌握,拓展了课堂学习的广度</td></tr>
</table>

续上表

教学内容与过程				
环节	教学环节设计及信息化工具使用	教师活动	学生活动	设计意图
课前学习	一、教学平台发布课前任务 学生利用线上课堂,根据教师提前发布的学习任务进行学习: ①MOOC 视频:起动系统控制电路 ②课件:起动系统控制电路 ③补充视频资源 5 个 ④以小组为单位,完成小组汇报 PPT 的制作	教师根据课程大纲和教材,设计并发送自主学习任务(包括预期学习成果、学习任务、学习资源、小组作业)	利用智慧树平台或知到 App 接收学习任务,并按要求完成	学生通过线上课堂完成能自主学习内容的学习,提高其自主学习能力
课中教学	二、内容概述,明确学生的预期学习成果要求;投屏展示线上学生课前学习数据(5 分钟) 授课内容的预期学习成果以及对毕业要求指标点的支撑;利用 PPT 投屏展示线上学生课前学习数据,并评价分析	PPT 展示起动系统控制电路的预期学习成果以及对毕业要求指标点的支撑、线上学生课前学习数据	明晰起动系统控制电路的学习目标,与教师一起分析讨论线上学习成果	明晰学习目标;线上学习成果作为线下课堂的学习基础,导入新课
	三、学生课前学习成果展示:以小组教学的形式,进行小组 PPT 汇报(15 分钟);教师点评讲解,提升线上学习成果 从 17 个小组中随机抽取 3 组,通过 PPT 投屏展示团队成果;学生提问及互评;教师评价讲解	主持各小组的成果汇报;记录小组汇报情况,提出询问;对小组汇报变现、课件制作、团队合作等情况进行点评总结;由起动系统控制电路的异同点,引导学生体会创新思维和科学技术对汽车发展的推动作用	每组提前确定的主讲人代表小组进行学习成果展示,并由临时确定的小组补充人阐述补充内容,时间为 1 ~ 2 分钟;各小组成员回答其他同学或教师的提问;学生互评	通过小组教学,培养学生自主学习、自主分析问题的能力,使学生获得成就感,从而提升其学习动力;通过分组合作,培养学生善于沟通与合作的品质;通过控制电路的对比,培养学生的创新意识和创新思维;能认识到科学技术是第一生产力,培养学生科技报国的担当精神

续上表

环节	教学环节设计及信息化工具使用	教师活动	学生活动	设计意图
课中教学	四、起动系统控制电路简图绘制(15分钟) ①给出带有继电器的起动系统控制电路的相关元件简图,学生将其连接成完整的电路。 ②在完成带有继电器的起动系统控制电路的基础上,绘制完整的带有复合继电器的起动系统控制电路。 ③将画出的电路简图在班内分享,教师评价讲解	①教师安排研讨活动。 ②教师小组指导,引导学生进行电路简图的绘制。 ③以2~3名同学绘制的电路简图为例,进行点评	①观察起动系统控制电路相关元件简图绘制,将带有继电器的起动系统控制电路绘制完整。 ②完整绘制带有复合继电器的起动系统控制电路简图。 ③将绘制的电路简图提交至知到App	①尊重学生的主体地位,以学生为中心,问题引领,变教为导,激活学生的主体意识。 ②将电路图由形象变抽象,由复杂变简单,引导学生对起动系统控制电路的认识实现感性认识到理性认识的飞跃,实现课程高阶性
	五、解决实际问题(5分钟) 案例:一辆丰田VIOS1.6轿车无法起动,起动时起动机无反应。 思考讨论:①出现该故障的原因有哪些?②如何诊断故障原因?	引导学生将理论知识用于解决实际问题	分析出现故障的原因及诊断方法	①通过生活中的实际问题,学会并掌握从专业的角度分析问题的思维方法。 ②锻炼学生利用所学知识解决实际问题的能力,实现知识迁移,实现课堂的深度
课后拓展	六、课堂小结及作业布置(5分钟) ①总结本节课知识目标、能力目标和素质目标。 ②将起动系统控制电路简图继续完善上传至知到App,作为评分依据。 ③查阅起动系统方面的专利、系统改进的案例,形成相关报告提交至智慧树平台	总结课堂知识,布置作业	记录作业	①提交作业,作为学生过程性评分依据。 ②能够认识到科学技术是第一生产力,同时实现课程的广度。 ③将作业质量情况作为教师本课堂设计改进的依据

3)项目式教学模式

为了培养学生灵活运用知识、解决复杂工程问题的能力,将部分课程内容设计为实际项目,以小组为单位,进行项目化教学。利用课堂为学生搭建交流平台,让学生走上讲台,利用PPT讲述学生小组对实际项目的认识和解决方法等,教师在这一过程中进行适时引导。

项目化教学把学生融入有兴趣的学习过程中，通过这种教学方式，使得学生在自主学习、团队协作、分析与解决复杂工程问题、书面与口头交流等方面得到了良好的训练。同时，对学生的学习过程进行了重构，使得学生通过课堂互动就完成了对知识的"吸收内化"。

汽车理论课程主要介绍汽车的各种使用性能，燃油经济性是评价汽车性能的一项重要指标，是指在保证动力性的前提下，汽车以尽量少的燃油消耗量经济行驶的能力。对于"汽车的燃油经济性"的学习，为了充分调动学生学习积极性，激励学生自主学习，建立以学生为中心的课堂教学模式，采用基于 MATLAB 的项目化教学方法，具体实施流程见表 5-3。

项目"基于 MATLAB 的汽车燃油经济性分析"实施流程 表 5-3

实施步骤	实施内容
项目导入	项目任务描述：以小组为单位，围绕"汽车的燃油经济性"，在自学燃油经济性的计算方法和影响因素的基础上，运用 MATLAB 编程实现汽车的等速行驶百公里燃油消耗量及四工况百公里燃油消耗量仿真计算，以实现知识应用能力的培养。要求在项目任务完成后，形成汇报 PPT
项目实施	各小组讨论，收集相关素材，进行任务分工。 小组成员自学燃油经济性的计算方法，理论联系实际，分析影响燃油经济性的因素，并进行讨论。 在讨论的基础上，每位同学基于 MATLAB，对等速行驶百公里燃油消耗量和四工况百公里燃油消耗量进行编程，并进行仿真实验，获得仿真曲线。 每位同学将学习内容、仿真结果等形成汇报 PPT
成果展示	随机选取同学进行项目内容展示，并进行答辩
项目评价	学生自评、小组互评、教师点评；师生共同总结本项目相关知识点和技能点；材料归档
教学反思	学生反思：本次项目实施过程中遇到的主要问题是什么？如何解决？有何收获？ 教师反思：教学目标是否达成？项目实施过程中出现的问题有哪些？如何改进？

4）案例教学法

案例教学法是通过一个具体教育情景的描述，引导学生对这些特殊情景进行讨论的一种教学方法。案例教学的着眼点在于学生创造能力与实际解决问题能力的发展，而不仅仅是获得那些固定的原理、规则。在案例教学中，教师起主导作用，学生被赋予了主体身份，更加注重能力的开发、知识的利用和创造力的培养。

运输组织学课程主要介绍交通运输生产的规划、组织、计划和管理等的理论及方法，从而达到学生能够对运输需求进行管理、对运输资源进行优化配置的能力学习目标。由于课程以交通运输行业为管理对象，而交通运输行业发展迅速，决定了课程既具备理论化又需要与时俱进的特殊性，因此，为使学生能够更好地理解理论知识，融会贯通，同时培养学生的创造性思维，案例教学是经常出现在运输组织学课程课堂教学中的一种形式，例如在学习完第五章节的内容"旅客运输组织"后提出以下场景：

随着技术的发展和社会的进步，逐渐出现了新的交通运输形式，例如滴滴打车、美团打车、首汽约车等网约车平台。此类交通运输新形式的出现，给乘客带来了便利性，但近年来网约车安全事件频发。基于此情景，请回答两个问题：第一，此类交通运输打车平台是否属于公共交通呢？请说出你的理由。第二，面对频发的安全事件，从交通运输管理者的角度出发，应如何管理呢？

整个教学过程中，教师扮演着引导者的角色，过程中不发表主观意见，而学生在过程中进行头脑风暴，展开讨论，分享观点，进行充分的思想碰撞，教师在最后进行总结。该场景能够很好地巩固本章所学的公共交通运输基本定义及旅客运输组织管理等理论知识，学以致用，使学生逐步具备处理交通运输行业问题的专业能力，并能够培养学生的创造性思维。

5）训练式课堂

训练式教学是将学生作为课堂教学的主体，为其设置目标任务，通过训练，提升学生完成任务能力的教学方法。在训练式课堂实施过程中，教师充当“讲师”与“教练”双重角色，把学生融入有兴趣的学习过程中，激励学生自主学习，提高课堂教学效果，培养学生解决实际问题的能力。

汽车电气设备课程以车辆典型电气设备为研究对象，主要对系统的作用、结构、工作原理和工作特性进行分析，在此基础上，传授电气设备故障检测诊断的基本技能，培养学生运用所学知识和技能解决实际问题的能力。为了提高学生的学习效果，运用“学教并重”的教学设计理论，既充分发挥教师主导作用又突出体现学生主体地位，对于每一个系统的学习，可设置多个训练内容，如以生活中的实例“一辆宝来 1.6 自动挡轿车在行驶途中突然熄火”作为训练内容，首先针对该现象提出问题，即出现该故障的原因有哪些、如何诊断故障原因、如何维修；然后让学生分组讨论；最后学生陈述小组讨论结果，教师点评总结。该种教学方法改变了学生的学习方式，变教师讲学生听为引导学生自主、合作、探究性学习，真正从授之以鱼转化为授之以渔；同时，该训练方法激发了学生的学习兴趣，培养了学生运用知识解决实际问题的能力，也增强了其与人交流沟通、团结协作的能力。

6）论坛、QQ 讨论群、微信圈等其他方法

充分利用相关论坛让学生了解最新的交通运输行业发展趋势。

充分利用现代信息交流技术，建立 QQ 讨论群、微信圈，实现了线上、线下实时互动交流，不仅激发了学生的学习兴趣，还提高了教学效果。

5.3.2 课程考核方式改革

每项毕业要求是由人才培养体系中不同的教学环节来支撑的，科学、合理和真实的课程评价方式才能反映毕业要求是否达成，才能为教学内容、教学方法的持续改进提供依据。因此，科学的课程评价方式是人才培养目标顺利实现的保证。

成果导向教育理念下的课程考核方式要立足于课程教学目标的达成，首先对于每项课程教学目标，根据该目标的达成途径与基本判据，分析并确定相应的考核项目，明确各考核项目的作用。对每个考核项目，根据其作用，给出明确的操作方案，包括考核内容、载体形式、频度、时间节点及详细规范的评分标准，并在评价标准中体现与教学目标达成之间的关联度与一致性。

交通运输专业大力推进考试制度改革，鼓励教师改变传统的课程考核方式，根据课程特点，选择或设计与课程或教学活动相匹配的考核评估方法、评价标准，采用灵活多样的考核方式，构建能够贯穿授课全过程的课程考评体系。加强对学生学习过程评价，提高平时成绩在总成绩中的比例，改变学生“应付考试”的被动学习状况，形成多元多维的课程考核方式。

5.4 学生学习过程指导、表现跟踪与评估

“以学生为中心”是工程教育认证中的一大核心理念，强调了学生在学校里的主体地位(不否定教师在教学过程中的主导作用)，提示了学校的一切教育教学活动应该从学生的需要出发这一基本原则(不排斥学校对学生学习效果的评价与检核)。在人才培养体系实施过程中，需要围绕培养目标和毕业要求达成，建立完整的学生学业指导体系，并对学生的学习过程进行跟踪与评估，通过形成性评价保证学生毕业时达到毕业要求。

交通运输专业通过专业认知、学习指导、科研训练指导、学业警示等措施进行学生学习指导；通过开设职业规划类必修课、建立完善的就业指导体系等对学生进行职业规划与就业指导。

5.4.1 学习指导

交通运输专业高度重视对学生从入学到毕业整个大学期间的学习、心理、职业规划、就业等方面的指导工作，建立了系统的学术指导机制，帮助学生能够顺利地完成学业。

1)新生入学教育

新生入学教育作为新生教育第一环，旨在第一时间帮助学生迅速适应大学生活。每学年新生入学，在学院领导的部署下，交通运输专业都会制定出详细的新生入学教育工作方案以提升学生的适应能力，内容包括新生家长见面会、学习《学生手册》、爱校教育、心理健康教育、安全主题教育、优秀学子报告会、班级风采展示、班委经验交流、考风考纪教育等。

2)专业认知

为了加强交通运输专业学生对专业知识的认识和了解，使学生明确所学专业的四年学习规划，在新生入学第一学年的第一学期开设有专业导论课程。通过课堂授课、培养方案解读、实验室参观、校外实习实践基地参观等形式向新生介绍专业培养方案、专业读研及就业状况等。同时，以讲座、报告的形式开展新生入学教育。通过教育引导，使得新生尽快了解大学，适应大学学习和生活，顺利、平稳、有效地实现从中学到大学的转变，制定适合自己的、科学的发展规划。

班主任定期召开班会，并通过课下和学生的交流沟通，进一步增强学生对专业的认识。制定专业教师优先担任专业课程的授课制度，方便了专业教师和学生的交流。

3)专业教育

专业教育由四个层面组成：第一层面为专业导论课程，是交通运输专业第一学期必修课程。通过课堂授课、实验室参观、培养方案解读等形式向新生介绍所在专业特点、开设课程、学习难点和注意事项等，让新生充分了解本专业和本学科的学习目标和任务，在结课时，需要提交一份专业导论报告。第二层面为分方向指导，由专业教师与学生进行面对面交流，介绍交通运输专业的历史、专业基础和专业发展前景等知识。第三层面是每学期一次的选课指导，对于选课过程中遇到的疑问，学生可直接咨询专业教师、班主任和辅导员。第四层面是专业课任课教师，在课余时间进行专业咨询和答疑。

4)强化班主任、教师和辅导员协同育人作用

交通运输专业每个年级配有辅导员,每班配有一名班主任,一般由本专业教师担任。学院制定了班主任相关职责要求,明确班主任的职责。定期召开班主任工作会,通报班主任工作情况,以积极促进班主任工作,让广大学生获益。

要求任课教师抓紧日常教学工作,每门课程都配备了完善的课程大纲、课程计划、教案、课件等材料,并根据课程讲授内容组建课程教学团队。团队成员根据课程的总体情况,对各个课程的教学内容进行研讨和确定,不断完善教学内容、评价、考核等多方面工作,使之能够满足专业人才培养的需要。教师在授课前都要详细讲解该课程支撑的毕业要求指标点,让学生明确课程学习与毕业要求的关系。每门课程都必须为学生提供学业咨询,解决学生在学习中遇到的问题,确保学生顺利完成专业课程的学习。

通过加强日常管理,严格执行请销假制度,监督检查各班级课堂听课、晚自习的情况等工作,充分发挥辅导员在学生指导中的作用。辅导员也在日常工作中帮助学生理解毕业要求,使学生知晓毕业时应该具备的知识、能力和素质,了解实现毕业要求的路径,明确课程学习与毕业要求达成的关系。

5)科技创新实践指导

学院积极动员学生参加科技创新活动,并组织参赛选拔;在专业培养计划中设置了集中性实践教学环节,同时在学生参加大学生创新试验计划项目和各类学科竞赛等科研训练时,在教师岗位任务书中明确规定教师应对学生进行科研训练指导。

通过授课教师及班主任的带动,积极推广科研竞赛与主题活动,提高学生科研意识。学生踊跃参加各类学生科技创新或竞赛活动,取得了丰硕的成果。

6)学习行为

为进一步加强班级建设,大力开展"学风建设月"主题教育活动,从学风与考风动员、先进典型推广、特色活动支撑、强调课堂效果和学风建设调研五个方面入手,全面开展学风建设活动。对于学习困难的学生,学校有一帮一、优秀班集体一带一的帮扶活动。对于学风方面存在问题的学生,采取以教育为主,进行先期指导、后期教育帮助的方式。

通过开展主题班会、签订诚信考试承诺书等多种形式加强考风考纪建设。在促使学生养成诚实、勤奋优良品质的同时,提高其违纪成本意识。

每学期初安排警示工作,形成制度。根据受到学业警示学生的具体情况,积极开展帮扶活动。针对学业有困难的学生,采取学业困难学生一对一帮扶措施,让每一个学业困难的学生都得到有针对性的指导和帮扶。

专业任课教师每门课程结束后均对教学效果进行总结,班主任每学期对学生成绩进行统计和分析,并针对具体学生制定相应帮扶措施,通过过程监督以督促落后学生顺利完成学业。

5.4.2 职业规划教育

交通运输专业在低年级学生中开展专业教育、成才教育。在专业导论课程教学的基础上,安排教授、企业行业专家作专业讲座,增强新生对所学专业的认识。针对高年级的学生,则侧重于就业政策、行业方向和求职技能的指导。聘请优秀校友,特别是各行业的领军人物

作报告，让学生感受成功者的激励，加强对行业发展状况的认识。交通运输专业学生接受职业规划指导情况见表 5-4。

交通运输专业学生接受职业规划指导情况　　表 5-4

渠道名称	指导执行者	指导方式	指导频度	受益人数(人)	
				2019 学年	2020 学年
职业生涯规划(一)	辅导员	大学生职业生涯规划	16 课时	90	90
职业生涯规划(二)	由专业教师担任的班主任	班会	不定时	90	90

通过各项职业规划和就业指导的实施，有效增强了学生对交通运输专业相关职业和行业发展的了解，帮助学生清晰认识自我、准确定位自我，并明确自我发展的方向，强有力地提升了本校交通运输专业毕业生的就业竞争力。

5.4.3 就业指导服务

设置大学生职业生涯规划课程，帮助学生规划职业生涯，开展就业咨询与指导，帮助毕业生充分认识自我，树立正确的择业观。

交通运输专业经过 20 余年的建设和发展，汇聚了一大批在交通运输领域享有盛誉的优秀人才，具有深厚的就业基础，每年毕业生就业率保持在较高水平。

山东交通学院高度重视学生就业工作，形成学院、年级、班级层层落实的就业合力。

1）成立就业工作领导小组，创造更多就业机会

交通运输专业在以院长为组长的就业工作领导小组的领导下，全体教师积极联系用人单位，做到"将用人单位引进来，将优质学生推出去"，向用人单位宣传推荐本专业毕业生，为毕业生创造更多的就业机会。

2）发挥行业优势，注重就业行业引导

交通运输专业非常注重提高学生的就业质量，将行业特色作为就业平台的重要支撑、提高就业竞争力的重要途径和加强与用人企业和单位联系的重要纽带。

山东交通学院紧密围绕"培养交通事业一线有成长力的工程师和管理者"的办学定位，发挥校友资源优势，加强对学生的培养和推介；开展各种活动，形成浓郁行业氛围。编辑宣传画册介绍交通运输、汽车后市场等方面的企业或单位，让学生对就业单位有直观的认识。聘请行业相关负责人作为兼职教授，向学生们做学术报告，提高学生的专业技能和就业观，为就业奠定坚实的基础。利用开展专场宣介会、企业资助学金颁发仪式等机会使学生对就业单位有更深层次的认识，明确就业方向。同时鼓励教师和学生积极联系行业中的企业，推荐学生到企业中去学习和实践，深化行业背景和知识，形成浓郁行业氛围。

3）创新服务手段，就业工作成效明显

交通运输专业创新了就业工作方法，毕业班一方面以 QQ 群组的方式发布就业信息，另一方面将就业信息发布到学院主页上，以便于学生随时查询信息、在网上分享经验。同时，教师及毕业生们充分利用自己的工作经验，与同学们进行就业经验分享，对学生进行在线指导。

4)以创新创业带动就业

大力支持学生创新创业,提高学生创新创业能力,以创新创业带动就业。把创业教育纳入人才培养方案,开设创新创业类课程,旨在唤醒学生创业意识,培养创业素质和能力。学校积极创造条件,让大学生进实验室、科研基地,以提高自身的创新能力。创新是创业的基础,学校依托校级科研基地、重点实验室等,构建创新能力训练平台。通过大学生走进实验室的活动,很多学生参加了学校和学院组织的各类竞赛和项目,并取得了较好的成绩。

5.4.4 学生学习过程表现的跟踪与评估

交通运输专业对学生在整个学习过程中的表现进行全过程监督、跟踪和评估。通过评定记录学生在校期间的课程成绩、课程设计成绩、实习成绩、毕业设计(论文)成绩、社会实践情况、创新学分获取情况、科技竞赛获奖情况等数据,评价学生的学习效果,评估学生的专业水平、专业能力、社会能力,评价学生毕业要求的达成情况。

交通运输专业学生毕业要求达成评价中,评价目标划分为专业能力和社会能力两部分。其中,专业能力的评估主要通过学生在校期间的理论课程、实践环节、毕业设计(论文)、科技创新活动等环节实现;社会能力的评估主要通过相关课程和专业实践,以及学生社会实践活动、讲座学习等环节实现。交通运输专业学生应达到培养方案要求,修完本专业课程体系全部课程并经考核合格后,方可认定达到毕业要求。在实际教学的每一环节中,学生能力达成跟踪评价方式与内容见表5-5。

基于各教学环节的学生能力达成跟踪评价方式与内容 表5-5

<table>
<tr><th colspan="3">评价目标</th><th>评价方式及内容</th><th>评价人</th><th>评价周期</th><th>形成的记录文档</th></tr>
<tr><td rowspan="3">专业水平</td><td rowspan="3">毕业要求1、2、3、4、5</td><td>课程学习</td><td rowspan="3">评价方式:课堂表现、课堂提问、随堂测验、作业、考试、实验表现、实验报告、实习过程中的表现、实习日记、实习报告。
评价内容:自然科学知识、工程基础知识和专业基本理论、实验设计与实施、人文修养、艺术修养、工程师的职业道德</td><td rowspan="3">任课教师、指导教师、学院教学委员会指定人员</td><td rowspan="3">每年</td><td rowspan="3">试卷、试卷分析报告、实习报告、实习总结等,以及教学目标达成度评价表</td></tr>
<tr><td>课程实验(含独立设课实验)</td></tr>
<tr><td>认识实习</td></tr>
<tr><td rowspan="3">专业能力</td><td rowspan="3">毕业要求1、2、3、4、5、11</td><td>课程设计</td><td rowspan="3">评价方式:设计方案、设计说明书、图纸质量、答辩表现、实习过程中的表现、实习日记、实习报告、毕业设计(论文)相关文档(如开题报告、文献翻译、图纸、毕业论文等)。
评价内容:文献检索、资料查阅能力;综合运用知识分析问题、解决问题能力;创新意识;了解专业前沿发展状况与趋势等</td><td rowspan="3">任课教师、指导教师、学院教学委员会指定人员</td><td rowspan="3">每年</td><td rowspan="3">课程设计任务书、指导书、设计说明书、图纸、实习报告、实习总结、毕业(论文)任务书、毕业论文、开题报告、外文翻译等,以及教学目标达成评价表</td></tr>
<tr><td>生产实习</td></tr>
<tr><td>毕业设计(论文)</td></tr>
</table>

续上表

评价目标			评价方式及内容	评价人	评价周期	形成的记录文档
社会能力	毕业要求6、7、8、9、10、11	课外实践	评价方式：社会实践报告、答辩PPT、各类科技活动申报书、答辩、活动表现、获奖情况。 评价内容：组织管理能力、人际交往能力、团队合作能力、创新意识、自我学习能力和适应发展的能力等	任课教师、指导教师、学院教学委员会指定人员	每年	社会实践报告、答辩PPT、竞赛申请立项材料、获奖证书、资格证书等，以及教学目标达成度评价表

下面对学生学习过程表现与跟踪评估进行详细介绍，学生学习过程表现与跟踪包括理论课程与实践环节的教学评价跟踪。

1）理论课程学习过程的跟踪评估方式

对理论课程学习过程的跟踪评估，主要包括课堂教学、课程考核、成绩评定与分析三个方面。

（1）课堂教学评估。严格按照学校课堂教学管理规定，对教师的授课资格和授课状况（调、停、代课等）进行认真审核与管理。对授课质量进行严格监控与评价：学校聘请具有丰富教学经验的老教师担任教学督导，对教师的课堂教学质量以及教师备课、辅导答疑、批改作业、使用教材、采用多媒体授课等情况进行监督指导与评价；采用学生网上评教方式对教师授课质量进行评价；通过班级教学信息员和师生座谈会对教师授课情况进行反馈，了解学生对课堂教学的满意程度和改进要求。

（2）课程考核评估。依据课程教学大纲要求和课程在培养环节中的地位，课程考核采用闭卷或开卷形式；也可用笔试、口试、笔试与口试相结合及大作业等方式进行课程考核。

（3）成绩评定与分析。针对课程教学，围绕毕业要求指标点、课程目标，开展形成性评价。课程教学采取课堂讲授、讨论、项目等多种方式，实施面向过程的考核模式，召开课程质量学生座谈会，及时接收学生对课程教学的意见并不断改进，课程结束即形成课程质量报告，从直接成绩分析和间接问卷调查两方面总结课程教学质量和不足，做到持续改进，保证学生毕业时达到毕业要求。

2）实验课程的跟踪评估方式

对实验课程的评估包括以下几个方面：

（1）严格执行实验教学计划及教学大纲。实验教学大纲包括实验的目的与任务、实验教学的基本要求、实验内容、性质、学时分配及对毕业要求的支撑、教学管理模式与注意事项、实验成绩的考核与评定方法、参考资料等，所有实验均应有相应的教材或指导书。

（2）严格实验教学过程管理。严格执行预习及提问制度，学生在实验前必须认真预习实验内容和要求，在实验教学中要填写实验记录、实验仪器使用记录等；学生应听从指导教师的指导和安排，按要求完成实验报告。

（3）实验考核和成绩评定。实验考核内容根据实验预习、实验操作、实验记录、实验态度和表现、实验报告完成情况等方面进行综合评定。

(4)实验教学及资料检查管理。学院对实验教学情况进行检查、总结和分析,改进实验教学工作,保证实验教学过程规范有序。

3)实习过程的跟踪评估方式

对实习过程的评估包括以下几个方面:

(1)实习教学计划和大纲。实习教学计划由系组织制订,经学院审批,并严格执行。实习教学大纲包括:性质与任务、对毕业要求及其指标点的支撑、内容及要求、时间分配及安排、考核与成绩评定、参考书目及学习资料。

(2)实习的检查与监督。为保证实习质量,实习期间要求指导教师全面掌握学生的表现,学院对学生实习进行不定期的抽查、督导,帮助学生解决实习中存在的问题。

(3)实习考核。实习结束后,相关指导教师负责进行实习考核。考核内容包括:学生的实习态度、任务完成情况、实习日记、报告、答辩成绩等。

4)课程设计的跟踪评估方式

对课程设计的评估包括以下几个方面:

(1)课程设计大纲及要求。课程负责人负责组织制订本专业课程设计教学大纲,确定课程设计题目、设计任务书、选用或编写指导书,并负责课程设计的组织、实施与检查;系主任、教学院长负责审查。

(2)课程设计的检查和监督。指导教师对学生课程设计期间的表现进行评价,要求学生通过复习教材、调查研究、查阅有关规范及设计手册等资料,按时、按量完成设计任务。撰写的说明书要结构合理、语言流畅、论据充分、计算正确,图纸应清晰规范。

(3)成绩考核。课程设计成绩是由设计过程表现、图纸及说明书质量、答辩情况等综合评价,成绩按五级制或百分制来评定。

5)第二课堂学分的跟踪评估方式

为培养学生的创新、创造、创业精神和实践能力,激发学生参与实践创新的热情,学校和学院每年组织各类科技创新活动、学科竞赛和创新实践课程,学生参加后可将其作为第二课堂学分认定和综合素质测评的内容。教师通过学生的项目立项结题、作品设计制作、总结报告、论文发表、专利申请、活动或比赛过程中表现等环节,对学生学科专业知识、创新实践能力、团队合作精神等各方面进行评价,认定的第二课堂学分达到规定要求方可毕业。

6)社会能力的跟踪评估方式

在四年的大学教育过程中,学校、学院、专业为学生提供了充分丰富的社会实践平台和渠道,对学生社会实践能力的评价主要有学生综合素质测评和自主社会实践评估两种方式。

第 6 章

交通运输专业教学质量监控体系构建研究

《国家中长期教育改革和发展规划纲要(2010—2020 年)》指出:把提高质量作为教育改革发展的核心任务。树立科学的质量观,把促进人的全面发展、适应社会需要作为衡量教育质量的根本标准。树立以提高质量为核心的教育发展观,注重教育内涵发展,鼓励学校办出特色、办出水平,出名师,育英才。建立以提高教育质量为导向的管理制度和工作机制,把教育资源配置和学校工作重点集中到强化教学环节、提高教育质量上来。制定教育质量国家标准,建立健全教育质量保障体系。

教学质量是高校生存和发展的立足之本,教学质量监控是保证教学质量不断提高的重要手段。要想真正提高教育教学质量,不仅要靠外部机制的引导与督促,还要在高校内部形成并有效运行一套自我评价、自我整改、持续循环的教学质量监控与保障体系。

交通运输专业始终坚持教学质量是生命线和以学生为本的指导思想,以提高教学质量为核心,以培养高素质应用型人才为目标,把教学过程的各个环节、各个部门的活动与职能合理组织起来,形成一个任务、职责、权限明确,能相互协调、相互促进的有机整体,形成教学质量监控的长效运行机制。

6.1 交通运输专业教学质量监控体系构建

6.1.1 教学质量监控体系构建的目的和原则

1)教学质量监控体系构建的目的

教学质量监控体系是对教学活动全过程的检查与评价,是依据一定的目标和规范,运用科学、合理的方法,通过量化的测评与考核,评定教学效果与教学目标的实现程度。构建交通运输专业教学质量监控体系的目的主要有:进行自我诊断,实现对教育质量的自我认知,并持续改进,提高人才培养质量;通过建立完善的教学质量监控体系,在人才培养、专业建设中拥有充分自主权,并能够从容面对外部质量评估。

2)教学质量监控体系构建的原则

在构建教学质量监控体系时,应遵循以下原则:

(1)目标性原则,以学生为中心。教学质量监控的目的是保障完成教学任务,实现专业培养目标。其任务就是发现偏离于计划目标的误差,并采取有效措施给予纠正,从而确保教学任务与培养目标的实现。

基于成果导向教育理念的教学质量监控体系要求教师转变教育观念,从以教为中心转移到以学为中心;将关注的焦点放在学生的表现和评价上;要考虑全体学生,而不是优秀的个例,标准针对全体学生、措施面向全体学生;看差不看优,重视未达标学生的表现和评价;人才培养质量的关注对象由班级细化为每个学生。

(2)有效性原则,以成果为导向。从以知识讲授为中心转移到以能力培养为中心。课程体系要支撑培养目标的达成,学习成果应能够支撑毕业要求的达成。

(3)系统性原则。教学质量涉及教师、学生、教学设施等多方面,同时与办学定位、培养目标和管理等有关,是一个系统共同作用的结果。由学院、职能部门、系(教研室)和学生班级等构成一个多层次、纵横交叉的网络,形成一个完整的教学管理系统。

(4)全员性原则。教学工作是高校的中心工作,优质的教学质量离不开全体师生的共同努力,人人都应是质量监控系统中的一分子,其中学生是主体,教师是主导,系(教研室)、教研室是基础,职能部门是核心,院领导是保证。

(5)全程性原则。教学质量主要是在教学实施过程中形成的,质量监控系统应能对教学的全过程进行监控,做到事先监控准备过程、事中监控实施过程、事后监控整改过程。

(6)多元性原则。建立以教育行政主管部门引导、行业企业参与、学院评价为核心的多元性评价机制。

(7)谁主张谁举证原则。提供充分数据、证据证明教学质量监控体系的有效运行。

6.1.2 交通运输专业教学质量监控体系

为了保障学生毕业要求、专业培养目标的达成和专业的持续改进,交通运输专业建立了一套包括教学环节质量评价、在校生调研、毕业生和用人单位调研反馈的校内、校外双循环的教学质量监控体系,如图6-1所示。一方面,交通运输专业建立了面向校内循环的四级教学质量监控体系,通过构建面向产出的教学过程质量监控机制,定期开展课程体系设置/修订、课程质量评价及效果反馈,促进教学活动和毕业要求的内循环持续改进;另一方面,针对培养目标达成情况,专业建立了面向校外循环的毕业生跟踪反馈机制和社会各方参与的社会评价机制,利用专业培养目标、毕业要求的达成评价结果,推进本专业的校外循环持续改进。

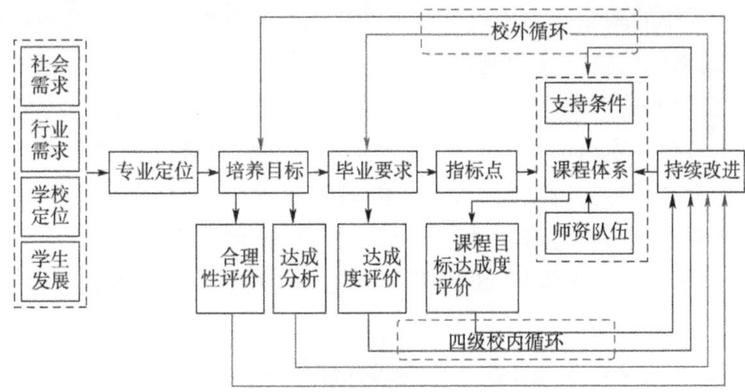

图6-1 交通运输专业校内、校外双循环的教学质量监控体系

6.2　交通运输专业校内教学质量监控体系

山东交通学院构建的是四级校内教学质量监控体系，由课程嵌入式质量评估系统、系(教研室)级质量监控系统、院(部)级质量监控系统、校级质量监控系统构成。依据学校要求，交通运输专业建立了校、院、系、课程四级教学组织管理制度和本科教学质量保障体系，形成了规范化的教学规划落实、教学运行管理、教学过程监督反馈机制，对培养目标、毕业要求、课程体系、教学大纲和教学过程等主要环节均制订了明确的质量标准，定期开展课程体系设置和课程质量评价，并持续改进。同时通过建立起基于成果导向教育理念的毕业要求达成情况评价机制，通过规范化的流程定期开展毕业要求达成情况评价，为交通运输专业持续改进工作提供依据。

6.2.1　教学过程质量监控机制

交通运输专业实行校、院、系、课程四级教学质量监控机制，机制内各管理机构有明确的分工与职责，负责对教学工作全过程进行计划、组织、控制、监督和评价。建立了由校领导、教务处、学院院长、教学副院长、主管学生工作副书记、学院教学秘书、系主任、专业负责人、实验室主任，以及校、院两级督导组和教育教学指导委员会等组成的本科教学管理机构。制定了一系列教学过程管理文件，规范教学过程，建立健全主要教学环节质量标准，完善教学质量监控体系，推动教学改革，确保本科教学质量，并通过持续改进以促进本专业毕业要求的顺利达成。

交通运输专业四级教学质量监控机制组织架构如图 6-2 所示。

各级管理部门及责任人具体职责如下。

1)校级教学质量监控机构

学校建立了由校长、分管教学的副校长负责，校教务处牵头，院系为基础，以及其他职能部门协调配合的本科教学管理组织体系，形成了稳定的教学组织运行和质量监督并行的教学管理队伍。

校长作为教育教学质量的第一责任人，主要负责全校的教学宏观管理。在校长的领导下，分管本科教学工作的副校长具体负责全校教学工作的组织领导，组织制订和督促落实教育教学的发展规划和各项教学管理制度等。教务处是学校本科教学业务主管机构，主要职责是负责贯彻落实学校关于教学工作的各项决定和工作计划，组织制订和督促落实本科教育、教学的发展规划和各项教学管理制度等；教务处各级管理部门通过本科教学管理规章制度的实施，对教学全过程实施制度化、规范化的科学管理，有效地保障了教学质量。学生处负责招生、学生事务管理、学生党建、社会实践、课外科技创新活动、就业指导等工作。校教学委员会是学校领导下的专家组织，负责研究学校本科教学的各项方针、政策、规划，对其进行指导、审议。

学校的教学督导组成员由具有教学经验的教师和具有教学管理经验的教学管理人员担任，负责了解掌握和监控全校各院系的培养方案执行情况，并对教学质量进行评价；对全校各专业教学质量进行督导和监控，通过听课、巡视、调查、座谈等形式，检查、了解全校教师教学情况和学生学习情况，检查各教学环节落实情况，并与教务处和相关学院、教师及时反馈与沟通相关教学信息。

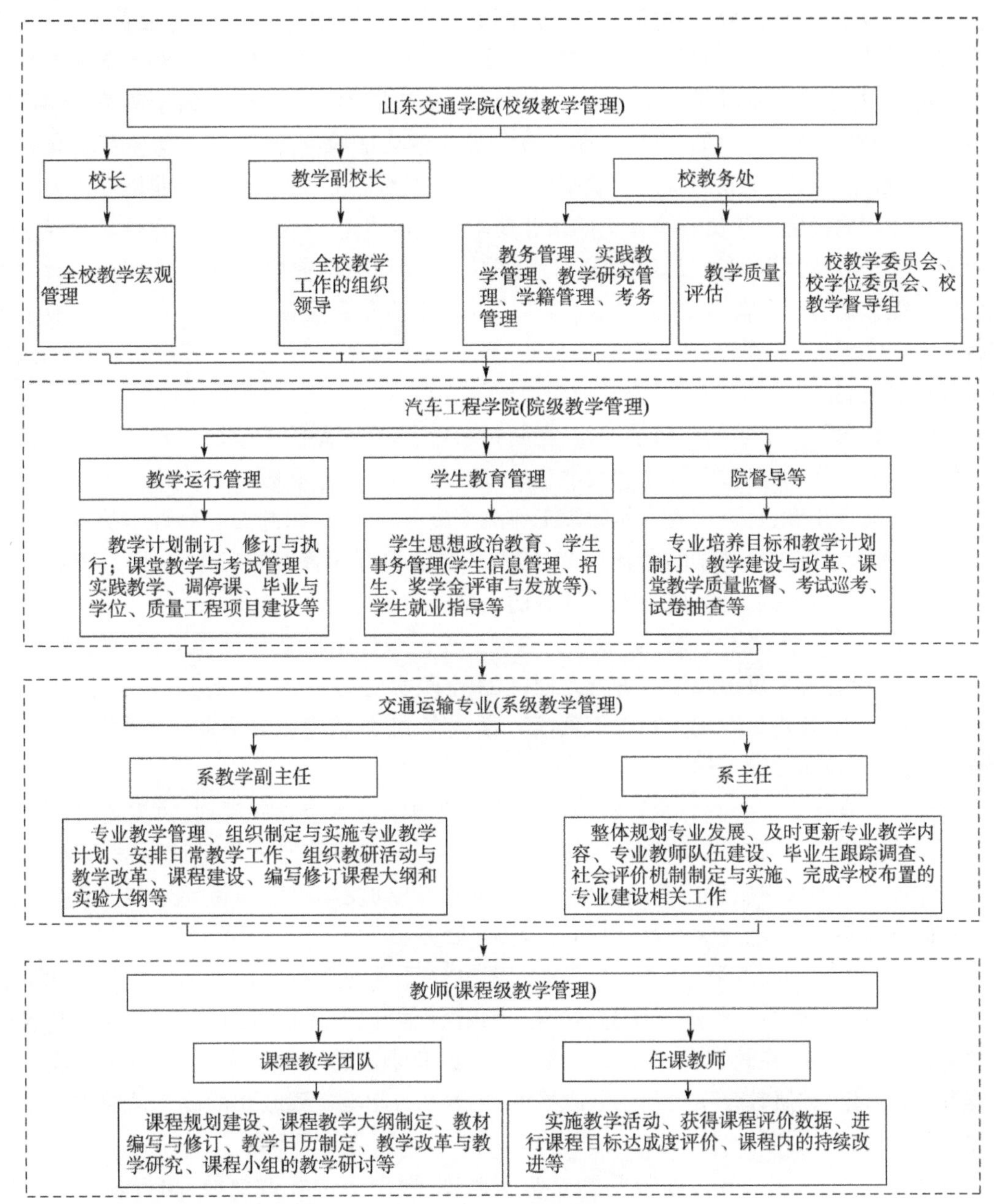

图 6-2 校内循环的四级教学质量监控机制组织架构

2)院级教学质量监控机构

学院是本科教学安排、教学研究和教学过程监控的基本单位，形成了院本科教学指导分委员会领导下的院长、教学副院长、教学督导组、系主任、专业负责人分级、分类实施的院内多级教学管理模式，主要工作包括制订培养方案、改进课程体系、修订教学大纲、师资培养、教材建设及教学方法研究等,并通过监控教学计划的实际执行情况、收集学生的反馈信息等手段,对教学过程加以监督和调控。院级教学质量监控体系相关负责人的主要职责如下所述:

院本科教学指导分委员会由院长、教学副院长、教学督导组、系主任、专业负责人、课程负责人及任课教师代表等组成,具体职责:①贯彻落实学校有关本科教学改革与发展的方针、政策。②拟定学院本科教学工作总体发展规划和实施计划,规划学院教学改革和建设工作,提出学院本科教学建设的方针、政策。③指导专业认证、本科教学评估与监督本科教学质量,指导建立学院和企业的实践教学基地。④审定学院各专业的设置、专业培养方案的确定及教学课程的设置。⑤负责毕业生的毕业要求达成度审定工作,形成《毕业要求达成度分析报告》;对毕业生跟踪调查反馈数据进行分析讨论,形成《毕业生信息反馈报告》;对用人单位的反馈数据进行分析讨论,并形成《用人单位毕业生信息反馈报告》。⑥对转专业学生进行认定。⑦评审、推荐教学改革立项,检查、评估教学改革项目建设。⑧评审和推荐优秀教学成果奖、精品资源共享课程、公开视频课程等。

学院院长全面负责学院的教学工作;在院长领导下,教学副院长全面负责学院的本科教学工作与培养工作,制订教学计划和教学总结;遵守并监督本学院教职工执行学校制定的所有教学管理规章制度;负责学院本科教学工作的实施与保障,组织并参与修订学院各专业的培养方案,负责学院本科教学的考核环节、实践环节的协调和管理等工作;全面负责组织实施教学进行与质量控制工作,监督教学任务的完成。

主管学生工作副书记负责全院学生的管理工作。根据学校党委及学工部门的要求,结合学院实际,制订学生思想政治与管理计划;组织学院学生奖学金的评定、发放工作;深入了解学生思想动态,负责学生招生和组织新生入学教育、学年鉴定以及毕业生思想教育、就业指导、安置和毕业离校等工作。

学院教学督导组主要参与研究和确定学院本科教学改革与发展规划,负责监督和指导学院本科理论教学、实践教学的教学秩序、指导培养计划制订和监督教学计划的实施;负责完成教学环节中的教学质量监控及学生反馈信息收集,向院本科教学指导分委员会提交所收集的信息材料,为规范教学过程、提高教学质量服务。

教学秘书负责学校教学文件落实、培养方案执行、日常教学任务的下达等工作。学院学术委员会是对本院教学工作进行研究、指导、审议、评估,以及提供咨询的专家组织;其成员由教学、学术水平高,在教学管理和人才培养方面经验丰富的教师组成,全面负责专业人才培养方案的审定、教研教改项目和教学成果评审、课堂教学与实践教学的质量监控与教学效果评估等工作。

学院建立了院、系领导以及教师随堂听课制度,要求每位院系领导、同行教师每学期至少有2次听课记录。通过听课,了解教学状况,发现不足,及时改进,全面提高教学质量。

为了促进师生交流、及时反馈课程教学中的问题,学院制订了课程教学质量信息反馈制度,要求每学期期中院系教学主管领导、专业负责人分别召集学生对课程教学情况进行座谈交流,听取学生的意见,并及时反馈,提出处理意见。每学期期末由教务处组织学生对任课教师进行评教活动,对教学态度、教学方法、教学内容、教学效果等方面打分,有效地促进了教学质量的提高。

3)系级教学质量监控系统

系级教学质量监控系统的四方力量(教师、学生代表、辅导员、系领导)定期跟踪课程教学质量,分析相关问题,提出解决方案并实施,对专业进行毕业要求达成度评估,实现课程质量、学生的专业思想、专业认同度、专业建设质量的持续改进。

系级教学质量监控系统的具体职责包括:

①制订人才培养方案,并负责实施运行。

②负责建设、运行系级质量监控体系。

③负责建立课程嵌入式质量评估机制,监督并指导课程嵌入式质量评估体系的建设和运行。

④各专业负责制订本专业的课程质量标准、创新创业教育的质量标准。

⑤组织实施系级教学质量过程监控,组织、指导、实施各专业教学质量评价。

⑥组织实施各专业的毕业要求达成度评估和相关数据准备(包括课程体系实施效果、对毕业要求支撑度评估)。

⑦组织实施各专业的人才培养达成度评估和相关数据准备。

⑧各专业利益相关者对专业满意度评估和相关数据准备(部分数据可委托学校、学院、第三方进行采集)。

⑨汇编各专业的年度教学质量评估报告,根据评估结果进行持续改进。

4)教师层面的课程嵌入式质量评估系统

课程负责人全面负责课程建设工作和本课程的教学组织工作,包括本门课程教学大纲的编制或修订起草工作;组织课程团队成员进行备课、教案撰写以及改进和调整教学方法,推动现代教育技术手段使用和教学方法的改革;组织课程团队成员进行教材选用、实验指导书等自编教材和补充讲义的编写等工作,负责组织本课程的教学活动;组织课程团队成员共同讨论、建设本课程的各主要教学活动;负责本课程团队中青年教师的指导与培养工作,共同提高教学梯队的整体水平;组织完成本课程的达成情况评价,并参与毕业要求达成情况评价。

课程主讲教师或实验指导教师根据系(教研室)制定的课程质量标准大纲实施教学活动,评估学生是否取得预期学习成果,进行课程目标达成度的评估,并作出适时调整,取得课程内的持续改进。对于本层系统无法解决的问题,应及时通过监控体系反馈到系级监控系统。

课程主讲教师或实验指导教师的具体职责要求包括:根据课程大纲,制订课程预期学习成果实施计划;根据创新创业教育课程大纲,制订创新创业教学计划;进行学生学习成果评价、课程目标达成度评估(建议核心课程);建立课程(学生)档案(涵盖每届学生、每位学生);形成课程质量评估报告,分析课程达标率等评价结果,提出改进措施,持续改进(建议核心课程);在课程实施中通过课堂即时评价等措施获取实时质量信息,做到及时改进、持续改进,并留存记录;定期参加系级质量监控系统活动、会议,并如实时反映学生学习情况;负责课程闭环管理体系运行。

6.2.2 主要教学环节的质量要求与评价

1)教学质量评价机制

交通运输专业教学质量评价机制主要采用自我评价和外部评价相结合的方式,并以定量评价、定性评价、多途径评价方式进行。

自我评价:教师对本人课程教学质量或其他教学环节的教学质量进行自我分析与总结评价。主要由任课教师对学生试卷和成绩进行分析,结合平时作业和课堂表现,对所承担课程进行自我评价,提出持续改进意见,形成课程质量报告,随试卷一并归档保存。

外部评价:外部评价采用学生评价、同行评价、各级领导评价、校院督导组评价等多方评价机制,同时广泛吸收社会的评价,对教学质量进行全过程评价、全面性评价和全员性评价。主要由专业负责人召集专业应届毕业生代表、教师代表及督导开座谈会,深入了解课程教学质量,形成座谈记录。根据要求调阅数学类、自然科学类、工程基础类课程等典型课程的教学大纲、教材、教案及试卷袋等基础资料,进行分析总结,形成评价记录。针对实践环节,抽取学生的实习报告和实习笔记,查阅实习大纲和实习总结报告等资料,对以上实习实践环节教学质量进行评价,形成评价记录文档。针对课程实验和综合设计性实验,查阅实验指导书、实验大纲、设计报告和实验报告等资料,结合实验教学质量要求的关键点进行评价。

依据自我评价和外部评价,由学院本科教育教学指导分委员会综合各种意见完成教学质量评价工作。

2)主要教学环节的质量要求

主要教学环节包括:培养方案和教学大纲的定期修订,日常教学中的课堂教学、实验(上机)、每学期的课程设计、实习及毕业设计。这些主要教学环节有明确的质量要求,通过教学环节、过程监控和质量评价促进培养目标和毕业要求的达成。交通运输专业对主要教学环节的质量要求和评价过程见表6-1。

6.2.3 教学质量监控机制的运行

为了不断提高学生培养质量,山东交通学院从教学质量管理系统化、规范化、科学化的高度,将教学质量目标管理和日常管理相结合,遵照高等教育的有关政策法规,结合长期办学积累的教学管理经验,在学校层级上制定了一系列本科教学管理规章制度、文件,从而建立和完善了由学生、教师、管理者、领导等全员参与的全方位、全过程的教学管理与质量管理监控体系。在学校教学管理制度和文件基础上,学院以工程教育认证的教学质量管理要求为指导,建立了课程体系设置和评价修订机制、课程教学大纲制定和审查机制、教学过程监督检查机制、课程考核和内容审查机制、课程质量评价机制等一系列制度措施,从而确立了交通运输专业的教学过程质量监控、评价及持续改进体系。教学质量管理架构中的各监控主体(中层以上领导干部,校、院教学督导组,学生信息员等)依据相关的规章制度,对这些教学环节进行评估,评估结果以各种形式反馈给具体的教学执行者(任课教师、实验指导教师)和参与者(学生)。

表 6-1

主要教学环节的质量要求文件

环节名称	质量要求的要点与考核责任者	考核基于的基本数据	结果与相应的改进措施	形成的文档
培养方案修订	质量要求要点内容： ①培养方案内容应包括专业定位、专业培养目标、毕业要求及指标点分解、课程体系设置、修业要求、学制与学位、各类课程学时学分分配、教学环节及进程和必要的说明。 ②专业培养目标必须满足社会及行业对人才的需求，符合学校的具体要求，并与学校定位与总体发展目标一致。 ③毕业要求必须能够覆盖中国工程教育认证标准中的 12 项基本要求，毕业要求必须能够充分支撑专业的培养目标，分解指标点必须能够充分支撑对应的毕业要求。 ④所确定的课程体系必须能够充分支撑毕业要求所有分解指标点，课程体系的设置必须满足中国工程教育认证标准的要求及补充要求，做到课程体系在全局上达到最优，并体现先进的教学理念。 ⑤培养方案是学校保证教学质量和人才培养规格的基本文件，是组织教学过程、安排教学任务的基本依据。培养方案一经确定，必须认真组织实施。 ⑥制定及修订培养方案原则意见由学校在广泛调研、充分论证的基础上加以确定，必须有行业企业专家参与。各学院在上述原则意见的指导下，主持制定本学院培养方案，经学院教学工作指导委员会讨论审定，教务处组织审核查，报主管校长批准后下发执行。 ⑦培养计划一经审定，未经批准，任何单位或个人不得擅自更改其中的任何内容。执行过程中确需调整时，由各学院在论证的基础上提出调整意见，然后向教务处提出书面申请，按规定程序审批通过后方可执行。 考核主要责任者：教务处、教学指导委员会、教学副院长、系主任、专业负责人	山东交通学院本科人才培养方案管理办法、交通运输专业培养方案，含培养目标、课程体系、教学计划等；课程设置对毕业要求的支撑关系；教师研讨结果等	修订周期：4 年； 修订结果：审核通过后执行； 改进措施：根据社会对专业人才需求，完善人才培养目标，修订培养方案和课程体系	专业人才培养方案

续上表

环节名称	质量要求的要点与考核责任者	考核基于的基本数据	结果与相应的改进措施	形成的文档
课程教学大纲的制定、审核和修订	质量要求要点内容： ①制定培养方案中课程和教学环节的教学大纲。 ②课程大纲应阐述教学目标与毕业要求指标点的关系。 ③课程教学内容应能支撑相关教学目标的达成。 ④课程考核内容与方式应能够有效评价教学目标的达成情况。 ⑤新开课程必须提前一学期制定出本课程教学大纲或教学基本要求，经各院（部）教学大纲编制专家组审定合格，交教务处备案后，方可开课；没有教学大纲或教学基本要求的课程，不允许开课。 ⑥任课教师应严格按照教学大纲的要求，认真研究、精选教学内容，采用先进灵活的教学方法，组织好教学的各个环节，各教学环节应聚焦课程目标的达成，体现以学生学习效果为导向的成果导向教育理念。 考核主要责任者：教务处、教学指导委员会、教学副院长、系主任、专业负责人	山东交通学院制定教学大纲的有关规定、课程教学大纲、学生反馈意见、专家反馈意见、毕业要求达成度	修订周期：2~4年； 修订结果：审核通过后执行； 改进措施：以教学团队为单位讨论后提交改进意见，学院教学指导分委员会讨论、审核	课程教学大纲
课程预期学习成果实施计划	质量要求要点内容： ①各课程都应根据教学大纲的要求，在开课前编写出课程预期学习成果实施计划，以保证有计划地完成教学任务。课程预期学习成果实施计划必须经系（教研室）主任审核同意、学院主管领导批准，并于开学两周内分别报送至学院（部）、教务处备查。 ②课程预期学习成果实施计划是课程教学进度、教学检查对照的依据，不得自行删减课内、课外教学内容。 考核主要责任者：教务处、教学副院长、院教学督导组、专业负责人	山东交通学院教师教学工作规范	执行周期：每学期； 执行结果：符合计划要求； 改进措施：对教学计划执行过程中存在的问题进行改进	课程预期学习成果实施计划、教材审核记录、相关检查记录

续上表

环节名称	质量要求的要点与考核责任者	考核基于的基本数据	结果与相应的改进措施	形成的文档
课堂教学	质量要求要点内容： ①任课教师应认真研究教学基本要求和教学大纲，准确掌握各章节重点和难点，制作教学模型或课件。 ②教师授课用规范字、讲普通话，按照教学计划和教学任务书进行上课，对本课程的广度和深度做到全面把握，理解教学的重点、难点。 ③各教学环节应聚焦课程目标的达成，在保证完成教学大纲规定的教学内容的前提下，应尽量把最新的相关研究成果融入课堂教学中，并力求使教与学两方面协调一致、共同发展。 ④教师应当讲究授课艺术，板书和多媒体教学有机结合，充分利用网络资源，并采用现代化教学工具辅助教学，激发学生积极思考，培养学生的科学思维方法和能力。 考核主要责任者：教务处、教学副院长、院教学督导组、系主任、专业负责人	督导听课表、领导听课表、同行听课表、学生网评数据	考核周期：每学期； 考核结果：根据教学评价情况实施奖惩措施； 改进措施：听课人员与授课教师当面交流，提出改进意见和建议	听课记录、学生评分
课程考核	质量要求要点内容： ①学生所修读的课程均应参加考核，考核成绩合格可获得该课程学分。课程考核可以采用笔试、口试、实际操作、提交论文（报告）等不同方式进行。具体方式由教师根据课程的内容、特点和要求决定，并报学院备案。课程考核方式和考核内容应能反映课程教学要求的达成。 ②考核一般采用百分制，也可采用优秀、良好、中等、及格、不及格五级记分制或其他记分方式。考核结果应纳入平时作业、测验、实验等成绩，注重学习过程管理。 ③考核的命题要严格以教学大纲为依据，以考核课程目标的达成情况为目标，体现课程的主要内容和基本要求，要注意考核学生分析问题和解决问题的能力，题量应与考试时间相匹配。命题应提前准备A、B两套试题，并附标准答案和评分标准，A、B试卷的重复率控制在10%以内。 考核主要责任者：院教学指导分委员会、教学副院长、院教学督导组、系主任、专业负责人、课程负责人	山东交通学院考试管理工作规定、学生评价、督导组反馈记录、平时成绩登记表、实验报告、试卷、试卷标准答案与评分标准、成绩单、试卷分析表、课程质量报告	考核周期：每学期（开课学期）； 考核结果：考核结果符合课程目标达成度要求； 改进措施：根据达成度、试卷分析和考核方式分析，分析存在问题的原因，改进课程考核方式及评价方式，调整教学内容，改善教学办法等	课程考试大纲、课程试卷、课程成绩单、试卷分析、课程质量报告、考核合理性审查表、学生专业满意度调查表

续上表

环节名称	质量要求的要点与考核责任者	考核基于的基本数据	结果与相应的改进措施	形成的文档
课程设计	质量要求要点内容： ①教学内容符合课程设计教学目标，任务明确、难易适度、工作量适当，注重设计性、综合性和创新性，有课程设计任务书、指导书、指导计划、管理文件等。 ②指导教师应严格按照课程设计大纲的要求，围绕各项课程目标的达成开展指导工作，并在课程设计完成后，统计并分析各项课程目标的达成情况。 ③指导教师应在设计前两周准备设计资料。在指导过程中要按进程计划，检查学生课程设计进展情况，发现问题，及时纠正；严格要求并认真贯彻因材施教原则，注重培养学生的工程实践能力。 ④教师依据大纲考核要求，认真审核学生设计的全部内容，仔细评阅，严格掌握评分标准，科学、公正地评定成绩；做好总结。 考核主要责任者：教务处、教学副院长、院教学督导组、系主任、专业负责人	学校课程设计工作管理办法、课程设计说明书和图纸等资料、课程设计检查记录和总结、课程设计成绩单、课程设计达成度分析	考核周期：每学期； 考核结果：课设内容和效果与教学大纲的符合程度 改进措施：教学环节结束后，学院对达成度进行评估，提出改进建议。	课程设计说明书、图纸及其他附件材料、课程设计成绩单、课程设计达成度记录表
实验教学	质量要求要点内容： ①根据教学大纲要求，实验内容充分体现专业知识的综合应用，注重学生动手能力，根据学科发展，结合生产实际，更新实验教学内容。 ②教学文件健全，含教学大纲、指导书等。 ③实验教师为主讲教师和实验人员。 ④教学过程组织合理规范，符合学校实验教学管理规定。 ⑤考核包括实验过程、实验报告成绩等环节。 考核主要责任者：教务处、教学副院长、院教学督导组、实验中心主任	实验教学大纲、实验指导书、实验教学计划、实验报告、实验结果、成绩单、实验记录	考核周期：每学期； 考核结果：实验内容和效果与实验教学大纲的符合程度； 改进措施：实验环节结束后，根据实验内容和效果进行改进，以提升实验教学的达成要求	实验教学工作日志、实验室安全操作规程培训记录本、实验教学计划、实验报告、成绩单

续上表

环节名称	质量要求的要点与考核责任者	考核基于的基本数据	结果与相应的改进措施	形成的文档
生产实习与毕业实习	质量要求要点内容： ①以专业班级集中安排，满足教学大纲要求，保证时间和质量。 ②按照学校实习要求，配备指导教师，实习领队由系主任或教学经验丰富、对生产实践熟悉、工作责任心强、有一定组织和管理能力的教师担任，外聘指导教师由实习单位中级以上职称的工程技术人员担任。 ③提前与实习单位沟通，制订实习实施计划。实习出发前，指导教师组织学生学习实习大纲，介绍实习目的、要求和计划，并做好动员和安全教育工作。 ④指导实习中，教师应结合所学理论与实习内容加强指导、严格管理，保证实习任务的完成。 ⑤实习结束后，根据实习过程和实习报告进行考核和成绩评定，撰写实习工作总结。 考核主要责任者：教务处、教学副院长、专业负责人	山东交通学院实习教学管理规定、实习大纲、实习指导书、实习计划、学生实习周志、学生实习报告（含教师的批阅和评分）、实习鉴定表	考核周期：每学年； 考核结果：实习内容和效果与教学目标的符合程度； 改进措施：实习结束后，专业对生产实习进行总结评估，提出改进建议	实习指导书、实习计划、学生实习周志、实习报告、实习鉴定表
毕业设计（论文）	质量要求要点内容： ①选题：符合专业培养目标要求，结合生产实际，具有一定的应用性和创新性，课题难度和工作量适中，保证一人一题。 ②任务书：选题后及时向学生下达毕业设计（论文）任务书。 ③开题：针对题目开展文献检索、现场调研与资料收集，理解课题任务，提出合理的设计方案和技术路线，撰写开题报告并参加开题答辩。 ④中期考核：针对题目的开展情况进行检查，并跟踪部分学生毕业论文（设计）的开展情况。 ⑤设计过程：观点正确、方法合理、方案论证正确，计算准确、实验方案合理，论文撰写结构严谨、文字通顺、图表规范，符合学校的毕业设计（论文）质量标准要求，有中、外文参考资料。 ⑥毕业设计（论文）实行指导教师负责制，指导教师应具有讲师以上职称，并具有工程实践背景，或有企业导师协助指导。教师每生每周应有不少于一次的当面指导，应全面训练学生工程实践能力、创新能力、分析问题与解决问题的能力，并考虑非技术因素对工程实践的影响。 考核主要责任者：教务处、教学副院长、院督导组、院教学指导分委员会、系主任、专业负责人	交通运输专业毕业设计（论文）课程大纲、毕业设计（论文）任务书、开题报告、毕业设计（论文）设计说明书（包括计算说明书及图纸等）、答辩记录表、教师指导与评阅意见	考核周期：每学年； 考核结果：学校每学年对毕业设计进行评估，评估结果予以公布，对优秀毕业设计（论文）指导者予以表彰； 改进措施：对毕业设计（论文）中的问题督促改进	毕业设计（论文）任务书、开题报告、毕业设计（论文）说明书、文献翻译、图纸、答辩记录、开题答辩、中期检查、评阅成绩记录、成绩单、毕业设计（论文）达成情况分析表、指导记录、毕业设计（论文）总结报告

通过教学质量监控体系对教学活动和教学效果的监控与反馈，不断提升专业的教学质量水平，确保高质量完成各项教学活动，并实现学生毕业要求和培养目标的达成。

1）课程体系设置和评价修订机制

交通运输专业课程体系的设置和评价修订以成果导向教育理念为导向。为了了解专业所开设课程的教学目标能否有效支撑学生毕业要求，本专业通过研讨会、问卷调查等形式收集应届毕业生、往届毕业生、用人单位对课程体系的评价信息，作为课程体系修订的依据。学院本科教学指导分委员组织学院内部研讨，对课程体系设置或修订初稿进行审核，提出修改意见，由专业负责人根据反馈意见组织相关教师修订完善。修订完善的课程体系由学校组织校内外专家、校督导组等进行审核，如有合理性意见将反馈并再次进行修改或微调，最终通过审核评价形成课程体系最终版，经学校本科教学指导委员会审定，由学校教务处纳入教学计划并予以执行。

2）课程教学大纲制定和审查机制

课程教学大纲的制定和审查是与培养方案的修订和审查同步进行的。在课程体系修订的同时，根据制定的毕业要求和课程关系矩阵，确定毕业要求指标点与课程（教学环节）的支撑关系，随后组织骨干教师撰写课程（教学环节）教学大纲，对课程教学大纲的课程目标、课程目标对毕业要求指标点的支撑关系、课程教学内容及考核方式等进行明确规定。

3）教学过程监督检查机制

为了加强对教学质量的监控，交通运输专业采用日常监督检查、定期监督检查、专项监督检查、课程考核方式和内容审查机制相结合的监督检查机制。日常监督检查是指按照本专业分解的毕业要求指标点及相关课程对毕业要求指标点的支撑关系，学院督导不定期对教师备课、教案编写质量、学生完成作业和教师批改作业情况进行检查；督导和院领导随时深入课堂听课监督检查教师按大纲授课执行情况，形成日常监督检查记录，提出整改意见与建议。定期监督检查是指在学期期初、期中等教学进程阶段，由学校组织开展全校范围的教学检查。专项监督检查是指教务处或学院本科教学指导分委员会针对毕业设计（论文）、实习、实训等特殊性质的教学环节进行的专项检查。课程考核方式和内容审查机制主要是基于成果导向教育理念和课程大纲，对课程考核方式的可衡量性和考核内容的合理性进行审查。

6.2.4 交通运输专业毕业要求达成情况评价机制

交通运输专业采用直接评价和间接评价相结合的方式评价毕业要求达成情况。其中直接评价是以课程考核材料作为评价依据，对课程（包括实践教学在内的所有教学环节）达成毕业要求的情况（课程教学目标达成度）进行评价；以每门课程达成度评价结果作为基础，结合应届毕业生自我评价计算出各项毕业要求达成情况评价结果。间接评价的依据则是面向全体毕业生的调查问卷。

1）面向产出的课程质量评价机制

基于成果导向教育人才培养体系的实施，要求课程教学以有效实现对毕业要求的支撑为核心。在交通运输专业建立的四级教学质量监控体系中，课程嵌入式质量评估系统的主要作用是评价课程目标达成度，从而获取课程所负责的毕业要求达成情况。通过课程目标达成度评价，把课程目标落实到每门课程和每位教师，以保障课程实施效果，同时将评价结果作为持续改进的依据，从而保证了课程目标的达成和教学质量的持续改进。另外，课程达成度评价结果是专业进行毕业要求达成情况评价的基础。

在课程教学大纲中，对于每一个课程目标，都设置了相应的教学环节进行支撑和考核。交通运输专业课程教学目标达成度评价，则通过课程对毕业要求指标点支撑的权重赋值和学生对相关知识掌握的程度实现。从参加该课程学习的所有学生中抽取一个自然班学生或随机抽取一定数量的学生，获取该课程成绩样本，对毕业要求中的各个指标点进行达成评价。根据课程教学大纲中课程对毕业要求指标点的支撑权重，以课程（包括实践教学在内的所有教学环节）考核材料作为评价结果，计算相应毕业要求达成情况实际值，形成课程质量报告。下面以集中实践教学环节中的运输组织学课程设计这一课程，说明该课程的教学目标达成度评价情况。

（1）评价内容和评价依据。

基于面向产出的成果导向教育理念，以检验课程目标的达成度为手段，进而评价学生学习成果的达成度。课程质量评价的数据为在教学过程中产生的教学数据。运输组织学课程设计教学数据包括实践过程表现成绩、设计报告成绩、答辩成绩等，支撑材料包括小组互评及教师评价成绩、设计报告、演示 PPT 等。这些数据和材料，反映了学生在学习过程中的表现，聚焦了学生的学习效果，因此课程目标的达成情况体现了对学生相关能力培养的效果。

课程质量评价的依据是课程教学大纲，在第 4 章“4.1.3.2 课程教学大纲的构成及撰写分析”中给出的运输组织学课程设计教学大纲中，明确规定了课程目标及对毕业要求指标点的支撑与权重、课程目标和课程教学内容的对应关系、课程目标的考核环节的对应关系。

（2）课程目标的考核。

任课教师依据教学大纲的要求实施教学活动，制定课程目标的考核。根据课程教学大纲，考核主要由课程设计实践环节、设计报告环节和答辩环节三部分组成，各部分成绩均以百分制记录，其中课程目标 1、课程目标 2、课程目标 3 均由三个考核部分支撑，课程目标 4 由设计报告内容和答辩表现两个环节支撑。

在课程教学实施过程中产生的各种评价数据，应针对不同的课程目标，分别进行整理汇总。对于各考核部分（课程设计实践环节、设计报告环节和答辩环节），均制定了考核标准，作为过程考核的评分依据。以答辩环节为例，其考核标准见表 6-2。

答辩环节考核标准 表 6-2

序　号	考核标准内容	考核结果
1	语言表达能力较好，逻辑思维能力较好，能够有条理地讲述实践过程、数据分析过并得出相应结论；能够准确、清晰回答教师的问题，完全、准确地掌握相关理论基本内容和重点、难点知识	优（90～100）
2	语言表达能力一般，逻辑思维能力较好，能够较为有条理地讲述实践过程、数据分析过程及相应结论；能够较为准确、清晰回答教师的问题，掌握相关理论的基本内容和重点知识	良（80～89）
3	语言表达能力一般，逻辑思维能力较好，能够讲述实践过程、数据分析过程及相应结论；对教师提出的问题回答基本准确，基本掌握相关理论的基本内容和重点知识	中（70～79）

续上表

序　号	考核标准内容	考核结果
4	语言表达能力一般，逻辑思维能力一般，基本能够讲述实践过程、数据分析过程及相应结论；对教师提出的问题回答较模糊，基本掌握相关理论的基本内容和重点知识	差(60～69)
5	语言表达能力较差，逻辑思维能力较差，对实践过程、数据分析过程及相应结论讲述不清楚；对教师提出的问题回答模糊，不能够掌握相关理论的基本内容和重点知识	不及格(<60)

(3)汇总评价数据，形成课程质量报告。

任课教师应及时记录在课程教学实施过程中产生的各种评价数据，并针对不同的课程目标，分别进行整理汇总，据此进行课程目标达成度评价。

课程目标达成度评价包括课程分目标达成度评价和课程总目标达成度评价，具体计算方法如下：

$$课程分目标达成度=\frac{总评成绩中支撑该课程目标相关考核环节平均加权得分之和}{总评成绩中支撑该课程目标相关考核环节加权目标总分}$$

$$课程总目标达成度=\frac{该课程学生总评成绩平均值}{该课程总评成绩总分(100分)}$$

运输组织学课程设计课程达成度评价值计算具体说明及示例见表6-3。字母 A、B 和 C 分别表示总评成绩中的课程设计实践环节、设计报告环节和答辩环节的实际平均得分。

运输组织学课程设计课程达成度评价值计算具体说明及示例　　表6-3

课程目标	支撑环节	目标分值	学生平均得分	达成度计算示例
课程目标1	课程设计实践	5	A	课程目标1达成度 $=\frac{A+B+C}{5+15+10}$
	设计报告	15	B	
	答辩	10	C	
课程目标2	课程设计实践	5	A	课程目标2达成度 $=\frac{A+B+C}{5+25+10}$
	设计报告	25	B	
	答辩	10	C	
课程目标3	课程设计实践	10	A	课程目标3达成度 $=\frac{A+B+C}{10+5+5}$
	设计报告	5	B	
	答辩	5	C	
课程目标4	设计报告	5	B	课程目标4达成度 $=\frac{B+C}{5+5}$
	答辩	5	C	
课程总体目标	总评成绩	100	$A+B+C$	课程总目标达成度 $=\frac{A+B+C}{100}$

在上述评价的基础上，形成运输组织学课程设计课程质量报告，具体见附件2。

交通运输专业基于成果导向教育理念，建立了完善的课程质量评价体系和机制，并得到了良好的执行。基于各门课程的质量评价结果，可形成对本专业各项毕业要求的充分支撑。

2)毕业要求达成情况的评价机制

毕业要求达成情况评价以基于课程教学目标达成度的直接评价为主,基于问卷调查的间接评价为辅,根据最终获得的毕业要求达成情况评价结果,分析数据并提出整改措施,用于持续改进。

(1)计算各毕业要求达成情况。

基于课程教学目标达成度的直接评价上面已经进行了详细论述,利用该方法,可以获得课程体系中每门课程达成度的评价值。将同一指标点下所有课程的课程评价值相加,即得到该项毕业要求指标点的达成度。

取某一毕业要求下所有指标点的达成度的最小值,即得到该项毕业要求的达成度。综合考虑社会需求、学校的办学定位、专业的培养目标、教学实际效果以及评估过程的微小误差等多种因素的影响,经交通运输专业毕业要求达成度工作小组研究决定评价标准定为0.6。当某项毕业要求达成度大于0.6时,则表明该项毕业要求达成。

(2)对毕业要求达成情况的间接评价。

面向全体毕业生,开展针对各项毕业要求及指标点的问卷调查。问卷调查采用5分制,毕业要求的达成情况分为“完全达成”“达成”“基本达成”“基本不达成”和“完全不达成”,对应分值分别为5、4、3、2、1,调查问卷具体见附件3。对毕业要求及指标点的达成情况进行汇总和统计分析,分析结果作为毕业要求达成情况的间接评价。

直接评价和间接评价共同构成了对应届毕业生的毕业要求达成情况评价结果。毕业要求达成情况的工作流程、相关责任人、评价依据和文档资料、评价周期,见表6-4。

毕业要求达成情况评价工作流程 表6-4

序号	评价工作内容	责 任 人	评价依据以及形成的文档资料	评价周期
1	计算所有课程目标达成度	课程负责人、任课教师	各类教学文档、课程分析报告	每学年
2	课程目标考核方法的合理性评价	学院本科教学指导分委员、专业负责人、课程负责人	课程教学大纲、课程分析报告审核记录	每学年
3	为支撑各项指标点的每门课程的权重赋值	学院本科教学指导分委员、专业负责人、全体专业教师	培养方案的制定和修订	每两年
4	计算各项毕业要求指标点的达成度	专业负责人	应届毕业生毕业要求达成情况分析报告	每学年
5	计算毕业要求达成情况	专业负责人	应届毕业生毕业要求达成情况分析报告	每学年
6	对毕业要求达成情况的间接评价(毕业生调查问卷)	专业负责人、学生工作负责人	调查问卷、应届毕业生毕业要求达成情况分析报告	每学年
7	形成毕业要求达成情况分析报告	专业负责人	应届毕业生毕业要求达成情况分析报告	每学年

6.3 交通运输专业校外毕业生跟踪反馈及社会评价机制

交通运输专业建立了面向应届毕业生、往届毕业生、用人单位的毕业生跟踪反馈机制，以及包括用人单位、行业/企业专家等教育系统以外各方参与的社会评价机制，并通过问卷调查、座谈、走访等方式，定期分析培养目标的达成情况，用于专业的持续改进。

6.3.1 毕业生跟踪反馈机制

本专业建立毕业生跟踪反馈机制，具体如下。

1)应届毕业生跟踪反馈机制

每年对即将毕业的本专业全体毕业生进行问卷调查，让学生从自身角度出发，对培养目标合理性、毕业要求的达成情况进行评价，并提出意见和建议。

另外，从即将毕业的每个班中，按照毕业去向、学习成绩和特点等，选择4~5个学生代表，通过座谈会的形式，由学生根据自己的学习情况、找工作遇到的问题等对本专业的教学、教学管理等进行全面的评价交流。内容包括课程体系、课程教学、课程安排、实践教学、课程设计、毕业设计、教师水平、学校公共资源服务等。

这项工作由交通运输专业组织，系主任、副主任、骨干教师参加。专业负责人对调查结果进行解析，找出对应于本专业在各个教学环节中存在的问题并进行汇总分析，并将之反馈给课程负责人与授课教师，作为对培养方案、课程体系、课程内容、教学方法等各个方面改进的依据。

2)第三方机构麦可思调查

从2016年开始，学校每年委托第三方调查机构麦可思，对本校毕业生进行跟踪调查，从而建立起教学、人才培养、学校相关制度、教师满意度、培养模式满意度等方面的跟踪反馈机制，对本专业培养目标是否达成进行定期评价。学校将调查数据和问题分析发放到各院系，对调查中出现的问题督促改进。这项工作由学校教务处组织，每年进行一次，调查结果形成麦可思调查报告。

第三方调查的主要目的是了解毕业生毕业半年后的短期就业能力与学生培养质量的社会评价，具体包括毕业半年后的基本去向、就业数量、就业质量、职业与行业竞争优势，毕业生对就业现状、母校的满意度，毕业工作半年后的基本工作能力和核心知识在工作中的重要度和满足度，在校期间价值观提升，毕业生对课程设计的有效性评价，学业成绩对就业的影响，毕业生对教学改进的反馈等。

3)往届毕业生跟踪反馈机制

往届毕业生跟踪反馈机制是面向本专业毕业约5年的往届生，采用调查问卷或座谈的方式每两年进行一次跟踪反馈。往届生跟踪调查的主要内容包括专业培养目标的达成情况、毕业要求达成的间接评价、对课程体系的总体评价及对每门课程重要性的评价，并从培养目标、毕业要求、课程体系等方面提出意见和建议。另外，通过新媒体、校友返校聚会、讲座、走访等交流形式，了解往届毕业生的工作成长情况，并使其对本专业人才培养和教学环节中需要加强和改进的方面提出意见和建议,促进本专业的持续改进。

6.3.2 社会评价机制

本专业建立社会评价机制,具体内容如下。

1)通过用人单位直接了解毕业生的工作情况

专业教师和相关领导不定期走访用人单位,了解相关负责人和本专业毕业生对本专业人才培养的要求及相关建议,作为培养计划修订的参考依据。主要形式是走访用人单位和以问卷调查的方式向用人单位进行适当的调查。

专业负责人平时也注意了解企业和毕业生的情况,主要采取的途径如下。

①利用用人单位到学校举行招聘会的机会,了解企业现在对人才的需求,以及本专业的毕业生在企业的工作情况,两方面的数据都能有效地推进学生培养计划的不断改进。

②在学院组织学生到企业实习、承担企业研究开发项目等过程中了解有关情况。

③利用暑假时间,由院领导带队,组织各专业教师去毕业生用人单位了解情况。

2)企业实际调研

利用学生实习机会,由学院组织相关教师到学生实习单位进行实地调研,邀请相关企业负责人、校友一起对本专业人才培养质量进行评估,并结合企业、行业发展对培养方案的修订提出意见。

3)校友座谈会

校友座谈会主要是利用校友回母校参加同学聚会的机会,由学院组织专业负责人、系主任等与校友们一起座谈,反馈信息,对本专业的人才培养质量进行评估,对培养方案的修订提出好的建议。

通过对毕业生的跟踪调查和对行业企业的调研,对交通运输专业培养目标的达成数据进行统计分析,获得培养目标达成度的具体数值,并获得专业定位、培养目标、毕业要求、课程体系、培养模式等方面的持续改进意见。

6.4 专业的持续改进

交通运输专业利用建立的校内、校外双循环的教学质量监控体系,通过各种评价方式获取培养目标达成情况、毕业要求达成度评价结果、课程教学目标达成结果、课程体系评价结果、教学质量评价结果等信息,将评价结果用于专业培养目标、毕业要求、课程体系、课程建设、师资队伍、支持条件等的持续改进,具体的相关机制如下。

1)培养目标的持续改进

培养目标的持续改进主要是在培养目标合理性评价的基础上开展的。定期对专业教师、毕业生、用人单位及行业/企业专家进行调研,收集各方对本专业培养目标合理性方面的反馈信息,依据反馈意见和建议对培养目标进行持续改进。

2)毕业要求的持续改进

毕业要求的持续改进主要是在培养目标达成情况评价的基础上开展的。分析用人单位等对培养目标达成情况的反馈,依据反馈结果、意见和建议,对毕业要求进行持续改进。

3)课程体系的持续改进

课程体系的持续改进主要是在毕业要求达成情况评价的基础上开展的。通过基于课程成绩的直接评价法和基于问卷调查的间接评价法对毕业要求达成情况进行评价,依据评价结果,分析数据提出整改措施,用于课程体系的持续改进。

4)教学质量的持续改进

教学质量的好坏直接决定了课程目标、毕业要求、培养目标的达成与否,是专业人才培养的关键环节。通过听课、学生评教、督导检查、往应届毕业生和用人单位反馈等对各教学环节进行持续的评价,对发现的问题及时解决并改正,进而实现教学质量的持续改进。

通过上述校内、校外双循环教学质量监控体系,使交通运输专业的人才培养体系不断优化,有效地促进了教学质量的提高。人才培养体系的优化不是运行一次就能完成的,通过一次循环可以解决一些问题,人才培养质量随之提高,但总会留下一些质量问题没有解决,或者又出现了新的质量问题,这就需要进入新一轮循环,如此经过持续改进的双循环闭环反馈机制,使人才培养体系实现螺旋式上升,不断完善。

第 7 章

交通运输专业应用型人才培养体系应用效果

7.1 学生培养效果

基于成果导向教育的交通运输专业应用型人才培养体系的构建与实施，提高了人才培养质量。

1）加强实践环节，提高学生动手能力

为了培养学生的实际动手能力和实践技术，实现知识型向科学知识实用技术型的转变，在课程中加强了实践环节。学生可以从实践过程进一步锻炼、提高自己，以适应新型社会的需求。另外，实践活动使学生有更多机会接触汽车和交通运输专业学科发展前沿，了解科技发展新趋势，并且充分调动学生的参与意识与积极性、主动性。设立了交通运输仿真设计实验室及专业对口实习基地，为大学生提供实践的机会和场所。

在课程体系中加入了专业综合技能训练环节，学生根据自己的学习时间和精力自主选择实训项目、预约实训时间，训练自己的实验操作动手能力和创新能力。学生选定实训题目后，教师根据题目内容将学生分组，各组的指导教师分别负责教学。学生在实训结束后递交实训报告，主要内容包括实训的目的和意义、实训内容和实验手段、问题和解决方法、实训心得体会。每一个实训环节均要求学生独立完成实训内容，指导教师手把手教学，真正实现了以学生为中心。教师不仅指导学生，而且也从学生中获得了新的思想和动力，体现了教学相长。

2）积极开展校企合作，提高学生实践技能，人手一证毕业

校企合作是教育改革的重要方向，是学校培养企业需要的实用人才的最佳途径，它可以有效避免学校教学与企业需求脱节的矛盾，避免产生学校培养的人才到企业不适用，而企业又招不到需要的实用人才的尴尬局面。

交通运输专业一直坚持校企合作、订单培养的人才培养模式，积极探索与企业合作办学的方式和方法，先后与 30 多家企业开展合作。与丰田、大众、现代、通用、日产等一大批 4S 店、省内多家一类汽车维修企业和公交公司等交通运输企业建立了良好的学生实习、就业合作关系，并在其中挑选了综合实力强、接收学生量大的 20 余家企业挂牌建成学生实习就业基地。

通过校企合作，学生的岗位适应能力、职业综合素养有了明显的提升，毕业生就业率也

连年提高。学生考取汽车维修工、汽车营销师、汽车经纪人、汽车二手车评估师等资格证书的热情持续高涨,其毕业时均可保证一人一本资格证书。通过校企合作,学校的教学理念有了根本转变,企业的需求成为学校培养的目标,主动调整专业设置和课程设置,改革教学内容、教学方法,使所培养的学生满足企业的需要。校企合作也促进了校内实训基础设施的建设,实训室建设朝车间式迈进。

3)跨学科学习,激发学生创新热情

学科间交叉是科学发展的驱动力之一,也是众多创新性科学论点与方法产生的源泉。学科交叉研究可以使从与自身学科相关的其他学科中借用和引入一些积极的成果,有助于从中吸取营养,总结出新思想、新理论与新方法。

在每期的开放性实验中都适当给出一些综合性较强的题目,这些题目都普遍涉及学科交叉内容。当遇到难点的时候要求学生与教师讨论,启发学生的思维,促进学生查阅资料,自学相关知识。通过综合训练,学生对以前所学的书本知识有更直观深入的理解和掌握,有助于培养学生综合运用知识分析实际问题和解决实际问题的能力,极大地提高了学生的学习兴趣和学习质量。

提供了有效的奖励措施,以激发学生的主动性、积极性。淡化学生的成果意识,比赛获奖与否并不重要,重要的是大家可以学到更多知识,增强了自己的创新能力和动手能力。

4)参加各种大型比赛,培养学生的竞争意识与团队协作能力

培养学生科技创新能力是高校教学内在规律的体现和学生工作的内在要求,学生参与校园科技创新活动,是教学与科研、学习与创造相结合的有效途径。一方面,学生参与科技创新活动,可以促进其对所学知识的理解和掌握,为所学知识的工程应用提供条件;另一方面,可以培养学生的科技意识和创新精神,使学生完善知识结构,提高实践能力,缩短课堂与社会的距离,有助于培养学生形成积极向上的思想观念和意志作风等。

定期举办各类大型的校内比赛,每个学期都会组织学生参加省级、国家级各项赛事。鼓励学生创新,通过参加“飞思卡尔”杯全国大学生智能车竞赛和本田中国节能竞技大赛等科技创新活动,使学生能够综合运用汽车专业知识,创新性地完成一个真实的工程项目,激发其参与工程实践的创新热情。各种竞赛使具有良好的理论基础、较强的实践动手能力,特别是具有创新意识和协作精神的学生有了施展自己才能的空间,使学生的综合能力得到了很好的锻炼和提高。

7.2 专业建设成果

7.2.1 人才培养模式改革

根据应用型人才培养的需求,在教学过程中相关专业教师不断探索和实践新的教学方法和模式,以成果导向教育理念为指导,以“课堂讲授+实验室演练+实习”为教学方式,构建学校、企业、学生“三位一体”的三方共同介入的人才培养模式,使学生置身于项目认知—构思—设计—实现—运行工程生命周期环境中,实现工程教育与实际工程建设的有机衔接。

1)实施“卓越工程师教育培养计划”

开展基于CDIO(构思 Conceive,设计 Design,实现 Implement,运作 Operate)工程教育理念的“3+1”人才培养。“卓越工程师教育培养计划”于2015年开始招生,注重校企联合,实行“3+1”人才培养模式(图7-1),即3年在校学习,累计1年与企业联合培养。校内主要进行公共基础课、专业基础课、专业理论课及专业技能课的教学,企业学习阶段主要完成综合实践教学环节和毕业设计,以及参与项目设计与研发等。“卓越工程师教育培养计划”全过程实行导师负责制,在企业学习和毕业设计阶段实行双导师制。

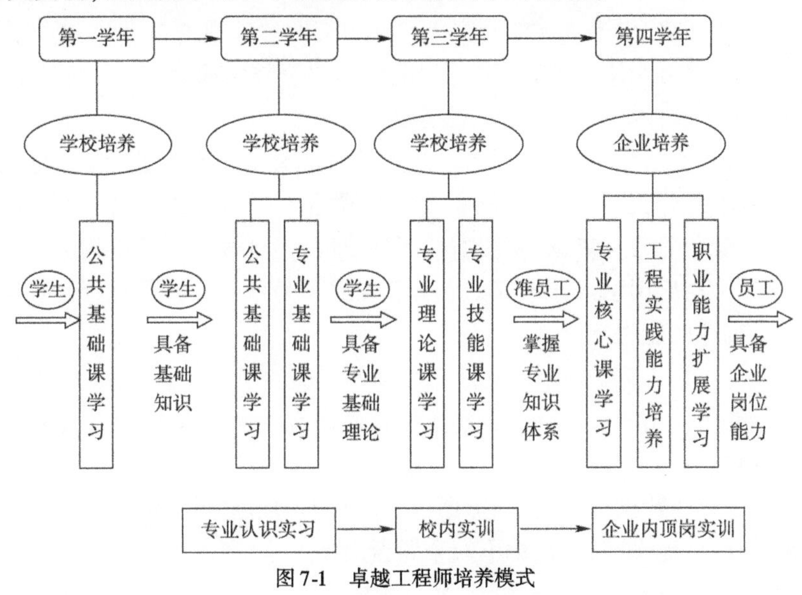

图7-1 卓越工程师培养模式

2)“3+2”贯通教育培养

为满足山东经济社会发展和产业转型升级对“技能+知识”应用型人才的需要,创新应用型人才培养模式,交通运输专业与对口高职院校开展“3+2”贯通教育培养,充分发挥高职院校和本科院校优质教学资源,全面提升学生实践能力和理论素养。在第一阶段培养过程中注重职业技能锻炼,提高学生动手能力;在第二阶段,以工程综合实践能力和工程综合素质提升为培养主线,构建能力培养平台,以交通一线具有成长力的工程师培养为导向,实现高级复合应用型人才培养目标。

以交通运输行业人才需求为出发点,遵循“携手合作企业、贴近工程一线、紧跟技术前沿、基于工作过程”的建设思路,以汽车营销、检测、维修、汽车运输企业管理等核心职业岗位需求为导向,注重以实践能力培养为核心的职业能力培养,建立“岗位导向、能力递进、工学交替、三线贯穿”的人才培养模式。以职业能力的提升为主线,基于职业能力培养开发课程体系,以工程项目为导向、工作任务为驱动开发专业课程,整合教学内容,融入交通运输相关的技术标准、技术规范等内容,融教、学、做于一体,使学生在系统掌握专业理论的同时,能够获得个性发展与工作岗位需要相一致的职业技术才能。

7.2.2 教学团队建设

交通运输专业依据“立足培养、加大引进、培育团队、成就名师”的师资队伍建设思路,多措并举构建高水平教学团队。

制定了专业教学团队建设方案。根据研究方向优化组合,组建学术梯队;按照专业课程组建教学团队,实行课程负责人制;注重教学人才的梯队建设,坚持“传帮带”,为青年教师配备双导师;通过互相听课、座谈、助课等环节提高教师教学水平;有计划地安排中青年教师出国学习、进修和学术交流等。2017 年,交通运输专业获批校级教学团队建设项目。

通过筑巢引凤,积极引进高水平人才;建立行业(企业)兼职导师队伍,参与专业规划、专业建设和课程教学,加强学生工程能力培养。近 3 年,紧紧围绕专业发展方向,有针对性的引进博士 3 名、硕士 3 名,引进人才的研究方向涵盖交通运输规划与设计、车联网、新能源汽车等领域;建立了校企教学团队,从中国科学院深圳先进技术研究院、山东五征集团有限公司等聘请行业专家和企业高级技术人才 10 余人。

以教学质量为核心,建立科学合理的以教学绩效为核心的激励机制。依托学校“1251”人才工程、本科教学工作奖励办法等,不断挖掘教师潜力,提升教师的教科研能力。组织教师参加在线教学、课程思政大讲堂、一流本科课程建设、工程教育认证培训会、一流课程建设训练营等,提高教师对应用型人才培养的理解和以成果为导向的教学过程的理解,提高教师利用新技术进行授课的能力等。

教学团队成员分别于 2017 年和 2020 年赴新西兰奥克兰理工大学和澳大利亚伍伦贡大学进行为期一年的国外访学。团队成员积极和企业进行深入合作,共同申报科研项目,帮助企业解决技术难题。

长期开展师德师风建设,提高教师师德水平。长期通过灯塔在线、学习强国等平台和每周例会,开展师德师风建设,实行师德不端一票否决制。

7.2.3 课程体系创新与建设

1)产学研结合

主动吸纳用人单位参与课程体系、教学内容设计,聘请本专业校外高级专业技术人员参加课程教学,形成校企联合的教学团队。发挥学科与科研优势,培养学生的创新意识、创新思维和敢于创新的精神,并将教学、科研成果应用到教学课程建设当中,使课程教学体系更加合理。在教学内容组织实施方面,突出学生实践能力、创新能力的培养。

2)加强对学生实践能力的培养

提高实践课比重,设置包括军训、社会实践、金工实习、课程设计、专业综合技能训练、创新创业实践、生产实习、毕业实习、毕业设计等的集中实践教学环节,使得专业实践教学学分比例占总学分比例不低于 30%。通过各阶段递进式的实践环节,注重对学生工程素质和基本工程技能的培养。

3)课程群建设

邀请企业和用人单位共同改革和优化现有课程体系与教学内容。以精品课程群建设为中心,以课程教学团队为依托,以应用创新为主导,构建以能力为导向的“大平台、小模块”课程群体系,形成特色鲜明、内容完整的课程群体系,使学生所学知识与社会需求更加贴近,有利于学生实践能力和创新能力的培养。在原有课程体系基础上以能力为导向按照课程内容之间的关联进行整合、重构，并积极吸收工程应用新成果，更新教学内容，以适应产业发展对人才和技术的需求。

完成专业群核心课程的 MOOCs 建设，形成与人才培养目标、人才培养方案和人才培养模式相配套的优质教学资源。

4）将创新创业教育纳入人才培养方案

将创新创业教育纳入人才培养方案，通过积极组织学生参加学术讲座、大学生创新实践计划项目、小论文、小发明、学科竞赛和教师科研项目等创新实践，同时组织开展大学生创业教育，引导学生参加创业体验与创业孵化，培养学生组织协调能力、适应社会能力、团队协作能力、就业能力、实践能力和创新能力等。

5）课程标准建设

研究制定适应应用型人才培养要求的课程标准，着眼于学生的终身学习和职业发展制定课程教学目标，通过与研究机构、行业、产业领域的合作共建，突出课程设置和教学内容的针对性和应用性。

6）科研成果融入教学

交通运输专业教师注重及时把自己的研究成果、国内外研究动向及科学方法融入教材，引进课堂，使教学内容得到补充和更新；把教学内容直接和正在开展的科研工作挂钩，开设研究、创新型实验，培养学生的创新思维；结合科研项目指导学生进行科技活动，分解科研项目的一部分提供给学生进行毕业设计，提高学生分析复杂工程问题的能力。

汽车安全辅助驾驶技术是当前国际智能交通运输系统研究的重要内容，它主要是通过驾驶员、车辆及行车环境间的内在联系，建立车辆的安全辅助驾驶模型，以保证行驶过程中的交通安全问题。近些年来，交通运输专业教师在汽车安全辅助驾驶方面进行了深入研究，立项多项课题，如《智能化汽车主动安全系统关键技术研究》《基于单目视觉的厢式货车安全行驶稳定性控制关键技术研究》《人车路综合环境下的汽车自适应前向防撞预警系统研究》等。教师将汽车安全辅助驾驶技术的科研成果及时融入教材《汽车安全工程》，引进课堂，以使学生掌握汽车安全辅助驾驶技术的工作原理，熟悉国内外典型的汽车安全辅助驾驶系统。

汽车振动与噪声控制课程具有复杂抽象、需要较好的数学基础等特点，学生在学习时较难理解。本专业教师及时将国家自然科学基金青年科学基金项目《基于发动机质心广义力识别的故障诊断方法研究》中取得的研究成果引入课堂，结合实际实验帮助学生理解复杂的理论知识。

结合自身的研究方向，教师将汽车路径规划和新能源汽车方面的研究成果作为实例引入课程 MATLAB 和 LabVIEW 中，使学生既了解了相关技术的前沿知识，开阔了眼界，激发了学习兴趣，又较好地掌握了课堂内容。

附件 1

汽车类毕业生就业情况跟踪调查问卷

汽车类毕业生就业情况跟踪调查问卷

你是__________年毕业于汽车系(学院)__________专业的学生,最高学历是__________,性别__________。

1. 你的第一份工作是如何找到的?

A. 学校推荐　B. 通过当地人才交流市场　C. 通过媒体招聘信息

D. 通过关系介绍　E. 自己创业或其他

2. 你从毕业到工作花费了多长时间?

A. 毕业前找到工作　B. 毕业后一个月内　C. 一个月到三个月

D. 三个月到半年　E. 半年到一年　F. 一年以上

3. 在求职过程中,你优先考虑的因素是(可选一项或两项):

A. 地域　B. 薪酬与福利　C. 单位性质

D. 个人发展空间　E. 家庭期望　F. 其他

4. 学校就业前培训指导对你就业当中的作用有多大?

A. 很大　B. 一般　C. 不大

D. 很小　E. 根本没用　F. 其他

5. 作为公办大学毕业生,你在就业过程中更注重什么?

A. 岗位　B. 薪酬高低　C. 公司规模/名气

D. 个人发展空间　E. 其他

6. 如果你在毕业后暂时没有找到自己理想的工作,你会:

A. 从低层次做起,逐步向目标奋斗　B. 通过其他关系渠道解决

C. 继续找,直到找到理想的工作　D. 继续深造

E. 参加短期的职业技能培训,然后再找　F. 自己创业或其他

7. 第一次就业转为正式员工时,你每月的转正工资是(元/月):

A. 2000 元以下　B. 2000 ~ 3000 元　C. 3000 ~ 5000 元

D. 5000 ~ 8000 元　E. 8000 元以上　F. 其他

8. 你目前从事工作的单位性质是:

A. 外贸企业　B. 大型民营企业　C. 事业单位

D. 国有企业　E. 国家机关

9. 企业为你安排的各项工作是否可以完成？

A. 各项工作轻松完成　　B. 经过自己努力可以完成

C. 难度较大，需要在企业人员指导下完成

10. 就业后你是否更换过工作单位？

A. 没有更换过单位　　B. 已经换了两个单位

C. 已经换了三个以上的单位

11. 你目前从事的工作和你的专业有关吗？

A. 正是本专业的工作　　B. 有一定联系，要用到专业知识

C. 毫无关联　　D. 其他

12. 你目前的签约情况是：

A. 试用期未签合同　　B. 签了试用期合同

C. 正式员工未签合同　　D. 正式员工签了劳动合同

E. 其他

13. 目前的工作是你毕业后找到的第几份工作？

A. 第一份　　B. 第二份　　C. 第三份

D. 第四份　　E. 其他

14. 你对目前从事的工作满意程度是：

A. 非常满意　　B. 满意　　C. 一般

D. 不满意　　E. 非常不满意

15. 如果你目前准备更换工作，那么使你这么做的原因是：

A. 工作环境不好　　B. 同事关系不好　　C. 同上司关系不好

D. 对薪酬不满意　　E. 有更好的单位邀请加盟　F. 工作性质不适合自己

G. 其他：________________

16. 你认为周围其他同学现在的就业状况如何？

A. 很好　　B. 较好　　C. 一般

D. 不好　　E. 很差

17. 工作后你经过多长时间能够胜任工作？

A. 两年以上　　B. 一年左右　　C. 六个月左右

D. 三个月左右　　E. 一个月左右　　F. 上岗即可

18. 你期望(实际)在目前单位的工作年限是：

A. 两年或两年以上　　B. 一年到两年

C. 半年到一年　　D. 三个月到半年

19. 在校期间哪些环节对你的就业帮助最大？（可多选）

A. 基础课程　　B. 专业课程

C. 教学实践　　D. 毕业设计或毕业论文

E. 专业实习　　F. 课外学术活动

G. 担任学生干部　　H. 参加公益活动

20. 在你求职或面试过程中,你认为哪些因素最重要?(请选出三项你认为最重要的)

A. 专业知识　　B. 工作能力　　C. 交际能力

D. 相貌　　E. 身高　　F. 口才

G. 特长或爱好　　H. 学习能力

21. 根据你的工作经验,感觉在校学习期间最需要加强哪些方面的学习?

A. 专业知识　　B. 经济类知识

C. 管理类知识　　D. 礼仪礼貌知识

E. 人际交往知识　　F. 其他

22. 其他方面建议:

____

____

附件2

运输组织学课程设计课程质量报告

运输组织学课程设计课程质量报告

一、评价结果

(一)课程信息及考核方式

运输组织学课程设计课程为交通运输本科专业的一门必修课,1学分,1周学时。课程编号:0400114。本课程的授课对象为交通运输专业本科生。本课程的课程目标为:

课程目标1:知识目标

(1)掌握运输需求管理的相关定义、措施知识。

(2)掌握交通运输能力计算及交通流理论等主要模型原理及影响因素,形成对运输组织原理及其发展的总体认识。

课程目标2:能力目标

(1)掌握需求分析与预测内容,理解并能运用客货运运输组织、线网运输组织、枢纽运输组织等运输组织方式的概念、组织目的、组织方法及组织优化方式等设计、完成、优化运输生产组织方案。

(2)了解国家、地方现有法律法规及相关制度,掌握当前交通运输组织方面的新工艺、新技术,具有能够制定、评价交通运输组织方案的能力。

课程目标3:素养目标

(1)能够培养学生的团队合作能力、文献材料查阅能力。

(2)有能力参加交通科技大赛等学术比赛,提高学生的创新能力。

课程目标4:思政目标

(1)课程过程中通过对交通运输业新发展、新成就等内容的学习,增强民族自豪感,培养家国情怀。

(2)明确运输组织的重要性,增加行业认同感。

本课程的考核内容分为三个环节:课程设计实践环节、设计报告环节和答辩环节,考核内容涵盖运输组织学课程设计课程教学大纲(质量标准)规定的主要内容。课程考核组成如附表2-1所示。运输组织学课程设计课程教学大纲(质量标准)确定了支撑毕业要求和指标点的4个课程目标,评价课程目标达成情况的考核方式、课程目标对毕业要求支撑权重赋值见附表2-2。

运输组织学课程设计课程考核组成　附表 2-1

考核项目		评分方式
实践过程表现(20%)	小组分工(理论知识掌握)	指导教师评分、小组成员评分
	团队合作	小组成员评分
设计报告(50%)	书写格式	评阅教师评分
	报告内容、结论	评阅教师评分
答辩表现(30%)	PPT 展示	答辩教师评分
	答辩环节	答辩教师评分

运输组织学课程设计课程目标与毕业要求的对应关系及其实现方式　附表 2-2

毕业要求	指标点	课程目标	权重	教学任务	考核方式
4	4-1	课程目标 1	0.3	任务一	实践过程表现(17%)、设计报告(50%)、答辩(33%)
				任务二	
				任务三	
3	3-2	课程目标 2	0.4	任务一	实践过程表现(13%)、设计报告(62%)、答辩(25%)
				任务二	
				任务三	
9	9-1	课程目标 3	0.2	任务一	实践过程表现(50%)、设计报告(25%)、答辩(25%)
				任务二	
				任务三	
6	6-2	课程目标 4	0.1	任务一	设计报告(50%)、答辩(50%)
				任务二	
				任务三	

(二)课程目标及课程达成值计算方法合理性分析

运输组织学课程设计作为一门专业必修实践类课程,并没有考试这一定量的评价方式,与理论课考核形式有所区别,其过程性考核评价与最终成果提交同等重要,因此在设置课程达成值计算方法时,与各考核环节成绩的平均值进行比较,确定其合理性。下文将各考核环节成绩的平均值称为课程考核状态成绩。

汽运 18 级运输组织学课程设计课程最高达成评价值为 92 分、最高课程考核状态成绩为 93 分,课程最低达成评价值为 80 分、最低课程考核状态成绩为 78 分,平均达成评价值为 86 分、平均课程考核状态成绩为 88 分。学生个体课程达成评价值与课程考核状态成绩对比如附图 2-1 所示,由图可以看出,学生课程达成评价值与课程考核状态成绩相差不大,且趋势大致相同。因此,课程目标及课程达成值计算方法合理。

(三)课程目标达成情况及分析

汽运 18 级运输组织学课程设计课程最高达成评价值为 92 分,最低达成评价值为 80 分,平均达成评价值为 86 分。课程达成评价值的分布情况如附图 2-2 所示。

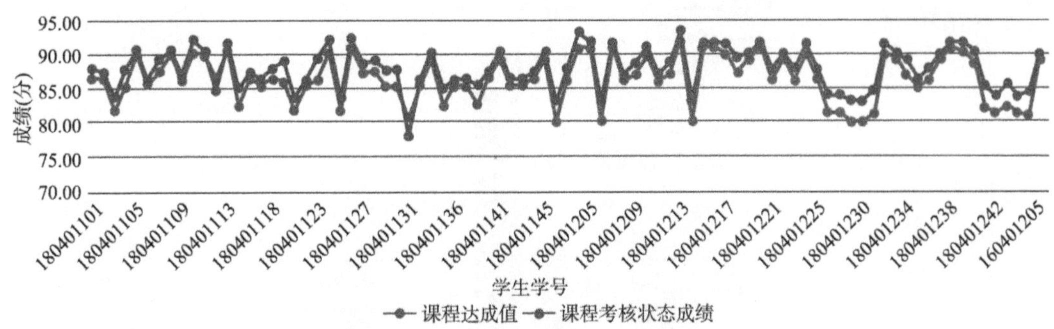

附图 2-1 运输组织学课程设计课程达成值图

如附图 2-2 所示,汽运 18 级运输组织学课程设计课程达成评价值相对集中。原因在于运输组织学课程设计作为实践类课程,是将理论知识融合于实际问题的过程性考核课程,注重将理论知识转化为能够解决工程问题的能力,培养应用型人才,考核方式与理论课方式有所不同,过程考核与结果考核并重,既有个人能力体现,又考核团队协作能力。学生个体课程达成评价值均在 80 分以上,这表明学生通过此次课程学习均有较大收获。

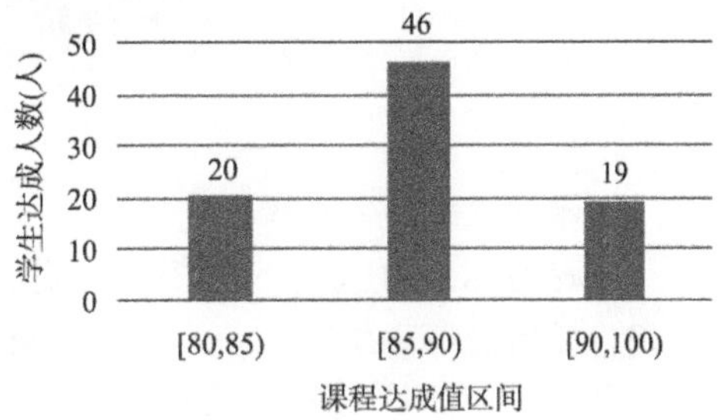

附图 2-2 运输组织学课程设计课程达成情况分布图

附图 2-3 和附表 2-3 给出了本课程的课程目标达成情况。

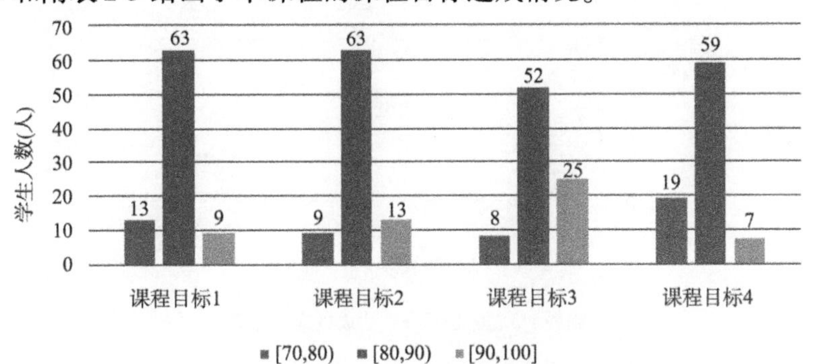

附图 2-3 运输组织学课程设计课程目标达成情况分布图

运输组织学课程设计课程目标达成情况表 附表 2-3

课 程 目 标	班级课程目标达成评价值(分)	课 程 目 标	班级课程目标达成评价值(分)
课程目标 1	85	课程目标 3	87
课程目标 2	85	课程目标 4	84

具体分析如下:

1. 课程目标 1

课程目标 1 的达成评价值为 85 分,达成评价值的分布情况如附图 2-4 所示。学生个体课程目标达成评价值及其分布状态良好。

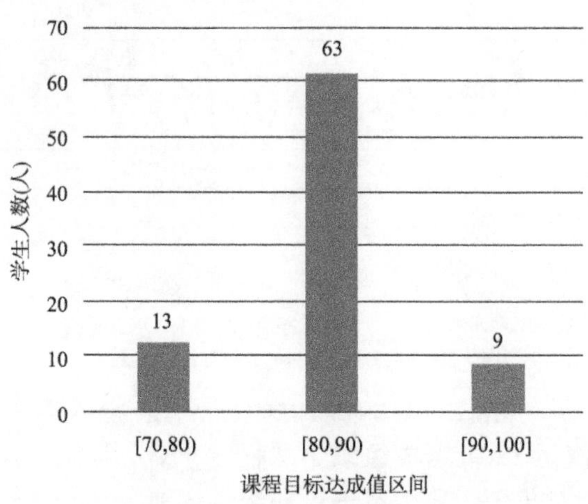

附图 2-4　课程目标 1 达成情况分布图

2. 课程目标 2

课程目标 2 的达成评价值为 85 分,达成评价值的分布情况如附图 2-5 所示。学生个体课程目标达成评价值及其分布状态良好。

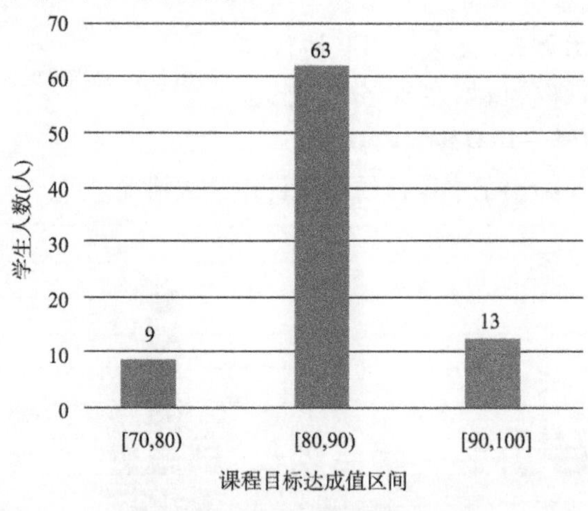

附图 2-5　课程目标 2 达成情况分布图

3. 课程目标 3

课程目标 3 的达成评价值为 87 分,达成评价值的分布情况如附图 2-6 所示。班级课程目标达成评价值良好,有较多学生出色完成该课程目标。

4. 课程目标 4

课程目标 4 的达成评价值为 84 分,达成评价值的分布情况如附图 2-7 所示。班级课程目标达成评价值良好,但是学生个体课程目标达成评价值的分布状态较不合理。

二、课程改进

(一)课程问题分析

运输组织学课程设计课程总体成绩较理想,无论是过程考核还是结果考核,表现均相对优异。根据考核环节具体情况,结合课程及课程目标调查问卷分析,得出以下结论。

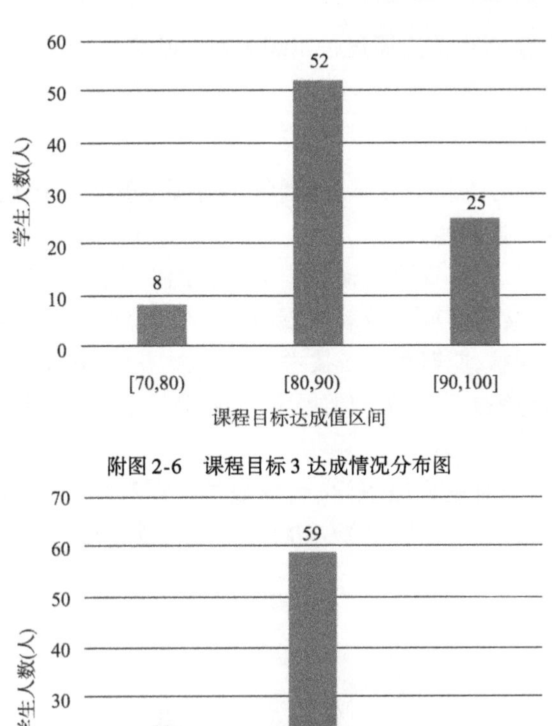

附图 2-6　课程目标 3 达成情况分布图

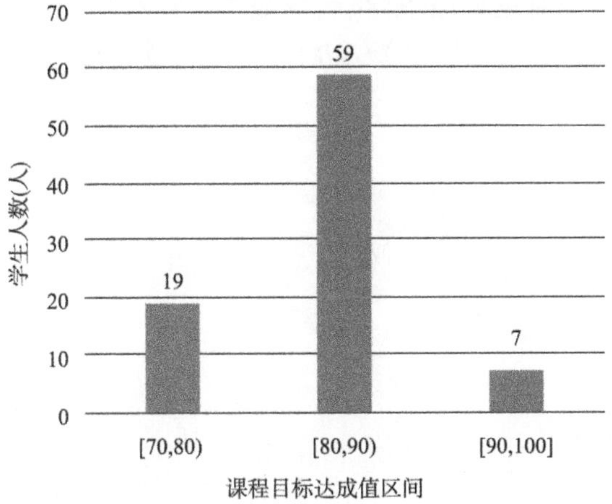

附图 2-7　课程目标 4 达成情况分布图

①学生团队合作能力、协调能力表现较好，在过程中能够较好地利用专业理论处理相应问题，具备将理论知识转变为解决工程问题的能力。

②学生对专业实践类课程兴趣浓厚，且积极参与，虽具备处理相应工程问题的能力，但其报告表达存在一定的问题；原因在于学生对理论知识存在机械性记忆，不能够完全灵活运用，且对专业报告撰写没有系统的训练。

③学生答辩表现欠佳，知识掌握不牢固，语言表达能力需要加强。

各个课程目标的具体分析如下：

对于课程目标 1，大部分学生能够掌握运输需求管理、交通流理论基本原理、公共交通等运输组织学理论知识，15% 的学生理论知识掌握欠佳。

对于课程目标 2，学生具备利用线网运输组织、客货运运输组织等运输组织方式相关知识完成、优化运输生产组织方案的能力，15% 的学生仍具有较大的提升空间；对于当前交通运输组织方面的新工艺、新技术了解较为浅显，缺乏深入探究，评价交通运输组织方案的能力有待提高。

对于课程目标 3，团队合作能力、协调能力较为突出，文献材料查阅能力相对较差，导致发散性思维不敏感，创新能力有待提高。

对于课程目标4，学生对当前交通运输组织方面的新工艺、新技术了解较为浅显，导致对家国情怀的感受不突出。

（二）课程改进措施

①结合案例、讨论、练习等教学方法，加强学生对理论知识的记忆、理解，进而能够灵活运用理论知识处理实际工程问题。

②加强对线网运输组织、客货运运输组织等运输组织方式技术的讲解，通过案例、视频等形式，结合对当下我国交通运输行业新发展、新工艺的介绍，使学生能够及时了解目前行业发展现状与技术更新现状，能够利用新技术、新手段优化、评价交通运输组织方案。

③加强对交通运输组织方案等实践类报告、行业项目书能力的培养，加强对项目答辩能力的培养。

④除此之外，本门课程对运输组织学、高等数学等课程所讲述的基本理论知识应用较多，学生总体基础知识掌握可以更加完善，需将此问题反馈给相关任课教师进行改进。

附件 3

交通运输专业 2016 级学生毕业要求达成调查表

交通运输专业 2016 级学生毕业要求达成调查表

班级____________;学号____________;姓名____________

5—完全达成;4—达成;3—基本达成;2—基本不达成;1—完全不达成

(请在自己认为满意程度对应栏内打"√")

附表 3-1

专业毕业要求	分解指标点	5	4	3	2	1
专业毕业要求 1 工程知识:能够运用数学、自然科学、工程基础和专业知识,将交通运输领域的复杂工程问题用数学模型加以描述并对其进行正确分析,综合解决复杂工程问题	1-1:掌握数学与自然科学的知识,并能将其用于交通运输领域复杂工程问题的建模和求解					
	1-2:掌握交通运输领域基本理论和基本知识,并能将其用于分析工程问题中的交通运输规划、运营与安全保障、车辆技术使用与管理等问题					
	1-3:能够运用工程原理和专业知识对交通运输规划、运营与安全保障、车辆技术使用与管理等复杂工程问题的解决方案进行分析,并尝试改进					
	1-4:掌握交通运输领域专业知识,能选择恰当的数学模型,用于描述交通运输规划、运营与安全保障、车辆技术使用与管理等复杂系统或者过程,并能对模型进行推理和求解					
专业毕业要求 2 问题分析:能够应用数学、自然科学和工程科学的基本原理对交通运输领域的复杂工程问题进行识别,并运用图纸、图表和文字等准确表述;能结合文献研究分析及解决交通运输领域复杂工程问题,以获得有效结论	2-1:能够应用数学、自然科学的基本原理,识别和判断交通运输复杂工程问题的关键环节					
	2-2:能够应用工程科学的基本原理或数学建模方法,识别和表达交通运输领域的复杂工程问题					
	2-3:能够应用工程科学的基本原理或数学建模方法,对交通运输领域的复杂工程问题进行建模、计算、分析,以获得有效结论					

续上表

专业毕业要求	分解指标点	5	4	3	2	1
	2-4：能够应用相关的专业知识，采用文献查阅、试验/实验、数学建模等方法，分析交通运输领域的复杂工程问题及其解决方案，以获得有效结论					
专业毕业要求3设计/开发解决方案：能够针对复杂交通运输工程问题的解决方案，设计满足道路交通运输等特定需求的交通运输网络、枢纽与场站、运营组织和作业流程、车辆技术使用与管理方案，在设计环节中体现创新意识，考虑社会、健康、安全、法律、文化及环境等因素	3-1：掌握交通运输网络规划、运输组织流程设计、车辆技术使用与管理的基本方法和技术，能够针对复杂交通运输工程问题制定设计目标和解决方案，了解影响设计目标和技术方案的各种因素					
	3-2：能够根据道路交通运输等领域特定的需求，完成满足交通运输网络、货物(旅客)运输组织、运输场站与枢纽及车辆技术使用与管理的解决方案					
	3-3：在交通运输网络规划、运营组织优化设计或车辆技术使用与管理流程规划中体现创新意识，并能考虑社会、健康、安全、法律、文化及环境等因素的约束					
	3-4：能够用图纸、表格、报告、论文或实物等形式，呈现复杂交通运输系统的设计结果和解决方案					
专业毕业要求4研究：能够基于科学原理并采用科学方法对复杂交通运输工程问题进行研究，包括设计、实验、分析与解释数据，并通过信息综合得到合理有效的结论	4-1：能够综合运用交通运输相关基础与专业理论，对交通运输领域复杂工程问题进行研究，确定研究方案					
	4-2：能够综合运用交通运输相关基础与专业理论，熟练使用各类实验设备和工具，采用科学方法进行相关实验方案设计，组织实施实验					
	4-3：能够综合运用交通运输相关基础与专业理论，选择合适的方法收集、分析处理与解释数据，通过信息综合得到合理有效的结论					
专业毕业要求5使用现代工具：能够针对复杂交通运输工程问题，开发、选择与使用恰当的技术、资源、现代工程工具和信息技术工具，包括对复杂交通运输工程问题的预测与模拟，并能够理解其局限性	5-1：理解交通运输工程活动中获取相关信息的必要性与基本方法，能够运用相关资源进行文献检索和资料查询					

续上表

专业毕业要求	分解指标点	5	4	3	2	1
	5-2：掌握开发、选择、使用恰当的技术和资源，运用现代工程工具和信息技术工具获取交通运输专业领域信息知识解决复杂工程问题的方法，并理解其局限性					
专业毕业要求6 工程与社会：能够基于工程相关背景知识进行合理分析，评价交通运输工程专业工程实践和复杂交通运输工程问题解决方案对社会、健康、安全、法律及文化的影响，并理解应承担的责任	6-1：了解与交通运输相关的技术标准、知识产权、产业政策和法律法规等					
	6-2：能正确认识和评价道路交通运输等领域交通运输工程新产品、新技术、新工艺、新材料的开发和应用对社会、健康、安全、法律及文化的影响，并理解应承担的责任					
专业毕业要求7 环境和可持续发展：能够理解和评价针对道路交通运输等领域复杂交通运输工程问题的工程实践对环境、社会可持续发展的影响	7-1：能够了解国家、地方关于环境和社会可持续发展的理论和政策					
	7-2：能正确理解和评价道路交通运输等领域复杂交通运输工程问题的工程实践对环境和社会可持续发展的影响					
专业毕业要求8 职业规范：具有良好的人文和社会科学素养、较强的社会责任感，能够在交通运输工程实践中理解并遵守工程职业道德和行为规范，具有法律意识，履行社会责任	8-1：掌握人文和社会科学知识，具有良好的人文和社会科学素养，具有科学的世界观、人生观和价值观					
	8-2：熟悉职业法律法规及标准知识，恪守职业道德规范和所属职业体系的职业行为准则，在交通运输领域的工程实践中履行责任					
专业毕业要求9 个人和团队：能够在多学科背景下的团队中承担个体、团队成员及负责人的角色	9-1：能够理解团队中每个角色的含义及团队协作对于整个团队的意义，具有团队协作精神和全局观念					
	9-2：能够在多学科背景的工程实践中转换角色，综合团队成员的意见，并进行合理的决策，团结协作，并承担相应责任					
专业毕业要求10 沟通：能够就复杂交通运输工程问题与业界同行及社会公众进行有效沟通和交流，包括撰写报告和设计文稿、陈述发言、清晰表达或回应指令，并具备一定的国际视野，能够在跨文化背景下进行交流和合作	10-1：能够就复杂交通运输工程问题与业界同行及社会公众进行有效的沟通和交流，包括撰写报告和设计文稿、陈述发言、清晰表达或回应指令					

续上表

专业毕业要求	分解指标点	5	4	3	2	1
	10-2:了解交通运输领域的国际发展趋势、研究热点,具有国际视野,能够理解和尊重不同的文化传统和价值观念,能够运用外语进行有效的跨文化沟通和交流					
专业毕业要求 11 项目管理:理解并掌握工程项目管理原理与经济决策方法,并能在交通运输工程领域的多学科交融的环境中应用	11-1:能够理解并掌握工程项目管理基本原理和市场经济基本知识					
	11-2:能够将工程项目管理原理和经济决策方法在多学科环境中应用					
专业毕业要求 12 终身学习:具有自主学习和终身学习的意识,有不断学习和适应发展的能力	12-1:能够正确认识持续学习的重要性,具有较强的自主学习和终身学习意识					
	12-2:具有强健的体魄,能够不断学习、持续提升个人综合素质和专业技能,具有适应社会和交通运输行业发展的能力					

参考文献

[1] 申天恩,斯蒂文·洛克.论成果导向的教育理念[J].高校教育管理,2016,10(05):47-51.

[2] Spady. W G. Choosing Outcomes of Significance[J]. Educational Leadership,1994 (51) 6:18-22.

[3] 李志义.解析工程教育专业认证的成果导向理念[J].中国高等教育,2014(17):7-10.

[4] 黄珊. OBE 理念下地方本科院校校企协同应用型人才培养研究[D].大庆:东北石油大学,2020.

[5] 杨琳,等. 成果导向课程体系的构建、开发与实施[M].北京:冶金工业出版社,2020.

[6] 李志义.对我国工程教育专业认证十年的回顾与反思之一:我们应该坚持和强化什么[J].中国大学教学,2016(11):10-16.

[7] 常志英,崔维淼.国内成果导向教育研究主题及脉络演进[J].河北大学学报(哲学社会科学版),2019,44(05):59-67.

[8] 马佳,汪宏友.成果导向教育(OBE)理论研究文献综述[J].创新创业理论研究与实践,2019,2(16):88-89.

[9] 赵洪梅. 基于成果导向教育的工程教育教学改革[D].大连:大连理工大学,2016.

[10] 姜波.OBE:以结果为基础的教育[J].外国教育研究,2003(03):35-37.

[11] 李光梅.成果导向教育理论及其应用[J].教育评论,2007(01):51-54.

[12] 王贵成,夏玉颜,蔡锦超.成果导向教育模式及其借鉴[J].当代教育论坛(上半月刊),2009(12):17-19.

[13] 申天恩.基于成果导向教育理念的人才培养方案设计[J].高等理科教育,2016(06):38-43.

[14] 周洪波,周平,黄贤立. OBE 理念下应用型本科人才培养方案的构建[J].高教学刊,2018(10):76-78.

[15] 王春艳,尹志娟,李兆清,等.基于 OBE 理念的材料科学与工程专业人才培养模式改革与实践[J].黑龙江工程学院学报,2018,32(01):73-76.

[16] 孙娜.我国高等工程教育专业认证发展现状分析及其展望[J].创新与创业教育,2016,7(01):29-34.

[17] 舒丹丹. 基于工程教育专业认证理念的应用型人才培养体系建设研究[D].大庆:东北石油大学,2019.

[18] 潘懋元,石慧霞.应用型人才培养的历史探源[J].江苏高教,2009(01):7-10.

[19] 吴中江,黄成亮.应用型人才内涵及应用型本科人才培养[J].高等工程教育研究,2014(02):66-70.

[20] 尹宁伟.应用型本科人才培养质量观探究[J].现代教育科学,2012(07):83-86.

[21] 韦文联.能力本位教育视域下的应用型本科人才培养研究[J].江苏高教,2017(02):

44-48.

[22] 陈解放.应用型人才培养的国际经验借鉴[J].北京联合大学学报(自然科学版),2005(02):30-34.

[23] 潘懋元,周群英.从高校分类的视角看应用型本科课程建设[J].中国大学教学,2009(03):4-7.

[24] 教育部高等学校教学指导委员会.普通高等学校本科专业类教学质量国家标准[M].北京:高等教育出版社,2018.

[25] 郭倩文.基于OBE理念的在线开放课程资源的设计研究[D].天津:天津职业技术师范大学,2018.

[26] 周立新.同济大学交通运输专业特色课程体系构建[J].教育教学论坛,2012(31):222-223.

[27] 马驷,王琳. 国内高校交通运输专业培养计划的比较分析[J].西南交通大学学报(社会科学版),2009,10(02):39-43.

[28] 司景萍,高志鹰,陈永艳,等. 交通运输专业教育教学改革的分析与探讨[J].中国科教创新导刊,2011(08):29-30+32.

[29] 陈松利,冬梅,刘树民. 交通运输专业汽车类课程实践教学体系改革研究[J]. 内蒙古农业大学学报(社会科学版),2012,14(04):131-133.

[30] 葛慧敏,潘公宇,陆颖. 基于大学生个性化发展的交通运输专业课程体系改革探索[J].产业与科技论坛,2014,13(07):214-215.

[31] 陈新民.应用型本科的课程改革:培养目标、课程体系与教学方法[J].中国大学教育,2011(07):27-30.

[32] 王宪彬,阎春利,邓红星.工程教育专业认证背景下的人才培养方案研究——以东北林业大学交通运输专业为例[J].黑龙江教育(高教研究与评估),2016(03):77-79.

[33] 刘晓惠,孙庆峰.交通运输专业应用型人才培养模式的研究与实践[J].现代教育科学,2012(05):89-90.

[34] 肖倩.基于创新应用型人才培养模式的交通运输专业课程体系探索[J].辽宁行政学院学报,2014,16(12):155-156.

[35] 杨亚璪,杨林.卓越工程师教育培养计划下分层次模块化课程体系的构建——以重庆交通大学交通运输专业为例[J].教学研究,2014,37(01):85-88+124.

[36] 温旭丽,过秀成.以需求为导向的交通运输专业应用型人才培养方案改革[J].吉林教育,2015(29):7-8.

[37] 凤鹏飞,金会庆.应用型本科交通运输专业特色人才培养实践与研究[J].遵义师范学院学报,2020,22(03):87-90+96.

[38] 童镭,胡要花.应用型交通运输专业人才培养模式的改革[J].教育教学论坛,2019(16):100-102.

[39] Gullickson A R. The Student Evaluation Standards: How to Improve Evaluation of Students[J]. California:Educational Policy Leadership Institute, 2003.

[40] 林健. 如何理解和解决复杂工程问题:基于《华盛顿协议》的界定和要求[J]. 高等工程教育研究,2016(05):17-26.

[41] 张立强. 如何理解复杂工程问题与毕业要求指标点的分解[J]. 大学教育,2020(07):33-36.

[42] 中国工程教育专业认证协会. 工程教育认证通用标准(2018 年版)[S]. 北京,2018.

[43] 巩建闽. 高校课程体系设计研究:兼论 OBE 课程设计[M]. 北京:高等教育出版社,2017.12.

[44] 薛惠锋,张骏. 现代系统工程导论[M]. 北京:国防工业出版社,2006:35.

[45] 曹凤萍,徐传燕,陈春梅. 基于应用型人才培养的课程质量标准制定——以《汽车电气设备》课程为例[J]. 教育现代化,2016,3(30):24-26

[46] 何晓蓉,刘爱明,盛欣. OBE 理念下高等工程教育专业人才培养模式改革思考[J]. 黑龙江教育(高教研究与评估),2018(08):76-78.

[47] 高耀明,叶颖. 课程实施大纲与高校教学规范化建设[J]. 高等教育研究,2014,35(04):103-109.

[48] 贾文友,刘莉,梁利东. 工程教育认证背景下课程设计教学环节的改革新思路[J]. 中国现代教育装备,2019(05):43-46.

[49] Diamond R M. Designing and Assessing Courses and Curricula: A Practical Guide[M]. San Francisco: Jossey-Bass Publishers,1998:14-15.

[50] 丁刚,魏立红,曹丹阳,等. 基于混合式教学设计的在线课程构建研究——以《机械原理》课程为例[J]. Science Innovation,2018,6(2):104-111.

[51] 刘颜颜. 互联网 + 背景下线上线下混合式教学平台设计及应用[J]. 智库时代,2018(51):277-278.

[52] 曹凤萍,吴芷红,李晨. OBE 理念下的“汽车电气设备”课程混合式教学设计与实践研究[J]. 教育教学论坛,2020(48):190-191.